Katja Schulze

BENJI, OH BENJI

CANISSIMO

Dr. Dieter Fleig GmbH
Produktreihe CANISSIMO
Am Remelsbach 30
D-54570 Mürlenbach/Eifel
Telefon: 06594/653
Telefax: 06594/452

Internet: http://www.kynos-verlag.de

Gesamtherstellung: Printfinder SIA, Riga, Lettland

ISBN 3-938071-91-5

Vorwort

Katja Schulze ist Feuerwehrfrau bei der Freiwilligen Feuerwehr und arbeitet in einer Rechtsanwaltskanzlei. Ihr Buch ist ein Erlebnisbericht mit einer filmreifen Story. Es ist Literatur im besten Sinne des Wortes, denn hier klingt und schwingt es zwischen den Zeilen, wird Unsagbares laut.
Benji, der Held der Geschichte, lebte zuletzt im ETN-Tierheim Bad Karlshafen. Hierher kommt Katja Schulze auch nach Benjis Tod, fährt Hunderte von Kilometern, kümmert sich nun um ein anderes Hunde-Sorgenkind. Doch das ist schon wieder eine neue Geschichte.
Katja hat wenig Zeit und wenig Geld, doch sie gibt es beides freudig hin – und empfängt dafür offensichtlich viel. Denn wenn sie still und bescheiden den Hof betritt, die Leine in der Hand, dann weht durch das ganze Tierheim ein leiser Hauch des Friedens und der Freude, als ginge ein Engel über unsere Erde.

Dr. phil. Sigrid Neef,
Geschäftsführerin des ETN-Tierheims Bad Karlshafen

Mein Name ist Katja Schulze. Ich bin Benjis Feuerwehrfrau.

Feuer!

»Einsatz für die Ortsfeuerwehr Halle, Wohnungsbrand Kaiserstraße!« Um 18.38 Uhr eines Winterabends, am vierten Januar 2004, beendete dieser Funkspruch der Feuerwehrtechnischen Zentrale Holzminden die Ruhe eines ausklingenden Sonntages. In Windeseile schlüpfte mein Ehemann Max in seine Einsatzsachen und auch ich zog mir schnell meine Sicherheitsstiefel und einen zusätzlichen Pullover an. Das Adrenalin peitschte von null auf hundert. Schnell noch alle elektrischen Geräte ausgeschaltet und das fast fertige Abendessen vom Herd genommen, welches man an diesem Abend wahrscheinlich sowieso nicht mehr zu sich nehmen würde, und schon sprang jeder in sein Auto. Dino, unser vierjähriger Rottweilerrüde, kennt diese Abläufe bereits und wundert sich nicht mehr, wenn Herrchen und Frauchen auf ein lautes Dauerpiepen eines kleinen Kastens hin aus dem Bett springen, hektisch durcheinanderlaufen und schließlich aus dem Haus jagen. Ich wüsste zu gern, was in diesen Momenten in ihm vorgeht, ob er uns für total übergeschnappt hält oder ob er weiß, dass dieses Verhalten notwendig ist, weil es um Leben und Tod gehen kann – wobei ich allerdings doch von Ersterem ausgehe. Anders als bei anderen Verhaltensmustern weiß er in diesen Fällen ganz genau, dass er nicht mit kann, dass er nicht im Weg stehen sollte und dass er am besten eingerollt in seinem Korb bleibt, bis die Lawine aus dem Haus ist.

Wohnungsbrand: Dieses Wort kann alles und nichts bedeuten. Ich machte mir zunächst keine großen Sorgen, denn bislang waren alle tatsächlichen Feuereinsätze glimpflich verlaufen. Während Max seine kompletten Einsatzsachen zu Hause beziehungsweise in seinem Auto aufbewahrt und deshalb direkt zum Einsatzort fahren kann, muss ich Hose, Jacke, Helm und Handschuhe noch im Feuerwehrgerätehaus anlegen. Von unserem Haus ist es etwa ein Kilometer bis zur Feuerwache zu fahren. Als ich auf die Bundesstraße in Richtung Stadt einbog, sah ich in der Dunkelheit einen Feuerschein, den ich nach fünf Jahren aktivem freiwilligen Feuerwehrdienst noch nicht mit eigenen Augen gesehen hatte. »Großer Gott!« entfuhr es mir laut und schnell wurde mir bewusst, dass es sich diesmal nicht bloß um eine Mikrowelle handelte, die ein bisschen geschmort hatte. Ich trat aufs Gas und bemerkte erst einige Augenblicke später, dass es schneite und die Straßen gefährlich glatt waren. Als ich im Ort ankam, wurde gerade die Straße gesperrt. Ich selbst kam nicht mehr durch und musste einen Umweg nehmen.

Vor mir fuhr im Schritttempo ein offensichtlich Ortsunkundiger, der meine Nerven in diesem Moment arg strapazierte. »Kann der nicht schneller fahren?!« Schließlich hielt er sogar mitten auf der Straße an, um jemanden wohl nach dem Weg zurück auf die Hauptstraße zu fragen. Mir riss der Geduldsfaden und ich hupte ihn an. »Ich bin von der Feuerwehr und muss ins Gerätehaus, fahren Sie bitte rechts ran!« rief ich aus dem heruntergekurbelten Fenster, worauf er an die Seite fuhr. Endlich kam ich vorbei und navigierte mein Auto so schnell und gut es ging durch die Schneemassen bis vor das Feuerwehrhaus. Natürlich waren längst alle weg und am Einsatzort. Man hörte sogar schon die Sirenen und Martinshörner der aus den umliegenden Orten zur Unterstützung herbeieilenden Feuerwehren. Ich sprang in meine Sachen und beschloss, den weiteren Weg zu laufen, da man sowieso kaum näher an das Objekt heranfahren konnte. Unterwegs traf ich einen Kameraden, der mir erste Einzelheiten berichtete: »Das Haus brennt lichterloh, wahrscheinlich konnten sich aber alle Bewohner retten.« In der Zwischenzeit löste die Rettungsleitstelle Großalarm aus. Knapp zweihundert Kräfte aller vier umliegenden Stützpunkte sowie eine Drehleiter aus dem Landkreis eilten auf glatten Straßen zum brennenden dreistöckigen Fachwerkhaus. Ich meldete mich bei meinem Gruppenleiter und half bei der Wasserversorgung, holte neue Strahlrohre, blieb am Verteiler oder half dort, wo jemand etwas brauchte. Als einfache Feuerwehrfrau ist man in der Regel nicht »ganz vorne am Geschehen«, sondern macht das, was nötig ist, damit die, die eben ganz vorne sind, alles haben, was sie brauchen. In dieser Position erfährt man allerdings auch nicht sehr viel. Wenn die Umstände es zuließen, fragte ich die anderen, ob wirklich niemand mehr in dem Haus sei, insbesondere auch keine Tiere mehr. Ich wusste, dass in dem Haus einige Hunde lebten und wollte mich beruhigen, dass in diesem Moment kein Lebewesen qualvoll verbrennen musste. Einmal hörte ich, dass wohl doch noch ein Hund im Haus sein solle, ein Dalmatiner mit Welpen. Mir wurde ganz schlecht. Kurze Zeit später sah ich allerdings einen Dalmatiner, welcher an einem Bindfaden angebunden bei Leuten stand, die offenbar in dem Haus gewohnt hatten. Von wiederum anderen bekam ich etwas später mit, dass die Welpen sicher bei Nachbarn untergebracht worden sind. Also beruhigte ich mich und machte relativ unbesorgt weiter meine Arbeit. Etwa zweieinhalb Stunden später überredete mich mein Schwiegervater, ebenfalls Feuerwehrmann, zusammen einen Kaffee trinken zu gehen. In einer gegenüberliegenden Gastwirtschaft wurden warme Getränke für die Feuerwehrleute bereitgestellt, damit diese sich ein wenig aufwärmen konnten. Dem Feuer war zu diesem Zeitpunkt schon erheblich zu Leibe gerückt worden. Es flammte noch hier und da auf, aber das Schlimmste war überstanden. Man unterhielt sich über das Geschehen und plötzlich drang an mein Ohr, dass nun angeblich doch noch ein Mann und ein Hund vermisst würden! Der Mann war wohl schon draußen gewesen, dann allerdings noch einmal hineingelaufen, um seinen Hund zu holen. Seither war er nicht mehr gesehen worden... Meine Stimmung sank und ich war sicher, wenn noch jemand im Haus gewesen war, kann er das nicht überlebt haben. Waren ein paar Meter von mir entfernt tatsächlich ein Mann und ein Hund ums Leben gekommen? Ich malte mir die schrecklichsten Bilder aus. Plötzlich wurde alles sehr unruhig und hektisch. Bei uns in der Gastwirtschaft redete die Pastorin des Ortes gerade mit Feuerwehrleuten. Sie trug ebenfalls eine Einsatzweste, auf der »Seelsorge« stand. Nun sollte sie dringend nach draußen kommen, weil sie für irgendetwas gebraucht wurde. Ich konnte mir nicht erklären wozu und ging ebenfalls nach draußen. Während wir den wunderbar heißen Kaffee zu uns genommen hatten, waren erstmals an diesem Abend einige Kameraden über die Feuerwehrdrehleiter ins Innere des Hauses vorgegangen und hatten nach eventuell Eingeschlossenen gesucht. Scheinbar hatte man tatsächlich etwas gefunden, denn die Kameraden forderten eine Trage an. Da ich nicht unmittelbar helfen konnte, beschloss ich, zur Seite zu gehen und aus einiger Entfernung das weitere Geschehen zu beobachten. Ich hatte ein wenig Angst davor, eine verkohlte Leiche anschauen und dieses Bild ein Leben lang mit mir herumtragen zu müssen und sah einigen umstehenden Kameraden an, dass sie dasselbe dachten. Wir sperrten den Bereich großräumiger vor den zahlreichen Schaulustigen ab, die offenbar ganz im Gegenteil gern etwas dieser Art zu Gesicht bekommen hätten. Kurze Zeit später waren die Kameraden mit der Trage zurück am Fenster und ich senkte meinen Blick in Ehrfurcht und Anteilnahme am Schicksal des Menschen, der offenbar gerade sein Leben verloren hatte und dem wir trotz allen Bemühens nicht mehr hatten helfen können. Der Arm der Drehleiter senkte sich mit der Trage zu Boden und die Leiche wurde – IN DEN BEREITSTEHENDEN KRANKENWAGEN geschoben! Jeder weiß, dass Krankenwagen Verstorbene nicht mehr aufnehmen und schon gar nicht offensichtlich verkohlte Leichen. Sollte der Mensch etwa noch leben? Wie gesagt erfährt man auch als Feuerwehrfrau nicht immer gleich alles und so dauerte es auch diesmal, bis wir erfuhren, dass der Mann tatsächlich lebte. Nun hielt es mich nicht mehr an meinem Standort. Ich erblickte einen Kameraden meiner Wehr, der offenbar selbst unter schwerem Atemschutz im Haus gewesen war. Die PA-Maske hing noch um seinen Hals und er erholte sich gerade von den Anstrengungen. »Mark, lebt der Hund noch?« Ich holte mir auf diese Frage gleich einen Rüffel: »Logisch, dass du

nur nach dem Hund fragst, frag lieber, ob der Mann noch lebt!« Er tat mir Unrecht. Den Mann wusste ich inzwischen doch gut versorgt im Krankenwagen. Ihm konnte ich nicht weiter helfen, aber für den Hund konnte ich bestimmt etwas tun. Man muss sagen, dass ich eigentlich überall als Hunde-Verrückte angesehen werde, die es in ihrer Hundeliebe anscheinend übertreibt, weil sie die Belange ihres Hundes über viele andere gesellschaftliche Anlässe stellt, aus diesem Grund wohl auch keine Kinder hat und eben in dieser Hinsicht nicht ganz normal ist. »Ein Hund ist ein Tier und muss wie ein Tier behandelt werden«, musste ich mir schon mehrfach anhören. Nichts anderes tue ich, allerdings, wie ich es für gut befinde!
Mark sah mich mit strengem Blick an, erkannte jedoch, dass er mich bestimmt nicht in diesem Moment umerziehen konnte: »Ja, der Hund lebt noch, jedenfalls hat er eben noch gelebt.« Danke, das genügte mir. Meine Augen suchten Max. Er ist Gruppenleiter und kann mich für bestimmte Sachen einteilen oder nicht. Aufgeregt lief ich zu ihm: »Kann ich mich um den Hund kümmern?« »Mach, was du nicht lassen kannst« kam die Antwort. Ich lief zu dem Platz, an dem zuvor die Trage mit dem Menschen abgesetzt worden war und beobachtete die Rettung des Hundes. Ich betete, dass er noch leben würde und meine Kameraden alles für seine Rettung tun würden. Dann wurde die Trage auf die Drehleiter gelegt und ein Feuerwehrmann begleitete den Hund auf seinem Weg nach unten. Zuerst konnte ich gar nichts erkennen, doch dann erblickte ich einen Hundekopf, der sich aus eigener Kraft hochhielt. Der Feuerwehrmann streichelte ihm übers Haupt und schien ihn beruhigen zu wollen. Mein Herz machte einen kleinen Freudensprung bei diesem Anblick! Wenn er bis hierher gekommen ist, zweieinhalb Stunden in einem lichterloh brennenden Haus auf unerklärliche Weise überlebt hat, dann wird er es auch weiter schaffen, waren meine Gedanken. Er wurde zu Boden gelassen und ich sah mich um, was nun weiter für ihn getan werden würde. Einige schauten ihn an und... gingen wieder weg! Na ja, da ist ein Hund, was soll's, wird wahrscheinlich sterben, ODER WAS?! Ich brauchte nur eine zehntel Sekunde, um zu begreifen: Wenn du jetzt nichts tust, tut niemand etwas für ihn. Ich sprach einen Kameraden an, dass der Hund doch Sauerstoff bekommen müsste und erntete nur Schulterzucken. »Frag doch die Sanitäter...« Ich rannte zum Fahrzeug der Johanniter Unfallhilfe, welche noch vor Ort waren und keine »menschliche Beschäftigung« hatten. »Hallo, Sie müssen bitte helfen, der Hund braucht dringend Sauerstoff!« Sie reagierten glücklicherweise sofort und es machte für sie keinen Unterschied, ob ein Mensch oder ein Tier in diesem Moment ihre Hilfe brauchte. Auf einmal hatte ich sozusagen die »Einsatzleitung Hund« übernommen. »Sollen wir auch noch eine Wärmefolie

holen?« fragte ein weiterer Assistent. »Ja, klar, holt alles, was ein Mensch jetzt auch brauchen würde.« Wir trugen die Bahre in einen Hausvorbau, wo er geschützter lag. Ich kniete mich neben ihn und sah ihn erst einmal an. Vor mir lag ein Dobermann, so, als ob man ihm »Platz« befohlen hätte. Sein Kopf ruhte auf seinen Vorderpfoten und sein Atem ging sehr schwer. Der ganze Hund qualmte aus dem Fell heraus und zitterte. Er gab keinen Ton von sich aber er war sicher dem Tod näher als dem Leben. Ich legte meine Hand auf seinen Kopf und sprach beruhigend mit ihm. »Du bist ein ganz Feiner, alles wird gut!« Die Johanniter-Unfallhilfe hatte eine Sauerstoff-Flasche geholt und wir hielten im eine Maske dicht vor die Nase, damit er leichter atmen konnte. Man merkte, dass es ihm gut tat und er dankbar dafür war. Ich bekam mit, dass sich eine Tierärztin auf den Weg gemacht hatte. Es dauerte jedoch noch eine halbe Stunde, bis sie endlich eintraf. Wie er da so vor mir lag, sah ich manchmal meinen eigenen Hund anstelle seiner. Vor wenigen Stunden war das Leben dieses Hundes noch in Ordnung gewesen, vielleicht hatte er draußen im Schnee herumgetobt und sich des Lebens gefreut und nun schmerzte sein Körper bei jedem Atemzug, weil sein Zuhause sich in eine Flammenhölle verwandelt hatte, aus der es kein Entrinnen mehr gab. Was muss dieser Hund in den letzten drei Stunden durchgemacht haben? Er war bei vollem Bewusstsein an der Seite seines Herrchens gefunden worden, unfähig, sich noch zu bewegen oder wegzulaufen, seinem Schicksal ergeben, zusammen mit seinem Herrchen zu sterben.
In Gedanken stellte ich mir unser eigenes Haus vor, wie es in Flammen stünde und Dino, wie er auf einer Trage der Feuerwehr liegend um sein Leben kämpfte. Ich hoffte, dass dann auch für ihn jemand sorgen würde, wenn ich es nicht mehr könnte und man ihn nicht einfach so an die Seite legen und auf das Eintreffen eines Tierarztes warten würde. Meine Hand ruhte die ganze Zeit auf dem Rücken des Hundes, dessen Namen niemand kannte. Endlich traf die ersehnte Tierärztin ein. Sie lobte die professionelle Versorgung und merkte an, dass man so etwas nicht häufig vorfinden würde und Sauerstoff sowieso nicht zu ihrer Notfall-Ausrüstung gehöre. Gerade dies sei aber für den Hund überlebenswichtig gewesen. Je eher er wieder reine Luft atmete, desto geringer würde der Schaden sein. Wir hatten also alles richtig gemacht und waren darauf sogar ein bisschen stolz. Er bekam dann einige Aufbauspritzen und eine Infusion. Die Tierärztin fragte in die Runde, wer sich nun des Hundes annehmen würde. Ich hakte nach: »Werden Sie ihn nicht mitnehmen?« Sie antwortete, dass sie nicht die entsprechenden Möglichkeiten in ihrer Praxis habe, um einen Hund stationär aufnehmen zu können. Ich überlegte kurz und schlug schließlich vor, ihn in die Tierklinik nach Oldendorf zu

bringen, welche etwa 17 km entfernt ist. Diese hat einen 24-Stunden-Notdienst und ist im Übrigen auch Dinos Tierarztpraxis. »Wenn Sie das übernehmen wollen, kann ich das nur befürworten. Dort ist er sicher in guten Händen« antwortete die Tierärztin. Ein Herr vom Ordnungsamt, der sich inzwischen ebenfalls am Einsatzort ein Bild vom Ausmaß des Feuers machte, wurde hinzugezogen. Er musste sein Einverständnis für die »Verbringung des Hundes« geben und tat dies glücklicherweise auch sofort, nachdem die Tierärztin meinen Vorschlag befürwortet hatte. Ich musste telefonieren. Die Nummer der Klinik habe ich immer in meinem Portemonnaie und ich lief in die nahegelegene Gaststätte. Ich wählte die Notfall-Handynummer und hatte auch gleich jemanden dran. »Schulze, Feuerwehr Halle, guten Abend. Wir haben soeben einen Hund aus einem brennenden Haus gerettet, der wahrscheinlich eine schwere Rauchvergiftung hat. Können wir gleich zu Ihnen kommen?« »Oh, Gott, ja natürlich, fahren Sie los, ich werde auch gleich dort sein.« Jetzt brauchten wir noch ein Transportfahrzeug. Ich hätte mit meinem eigenen PKW fahren können, der eine große Ladefläche hat, nachdem wir ihn für Dino umgebaut haben. Aber dann hätte niemand bei ihm bleiben können, falls es ihm schlechter ginge und auch die Tierärztin fand das Risiko zu groß. Kurzerhand wurde ein zurzeit nicht benötigter Transit der Ortsfeuerwehr Heyen für den Hundetransport eingeteilt. Ich erkannte gleich meinen Kameraden Dietrich, mit dem ich vor vier Jahren den Grundlehrgang absolviert hatte. Der Hund wurde von zwei Feuerwehrleuten in den Mannschaftsraum des Fahrzeuges gelegt und ich setzte mich zu ihm, um ihn während der Fahrt zu halten. Er wäre ansonsten wie ein Spielball hin- und hergerutscht, da er wirklich am Ende seiner Kräfte war. Dietrich bahnte das Fahrzeug durch die Menge von Menschen, Tankern und Schläuchen durch den Schneematsch in Richtung Oldendorf. Inzwischen musste es knapp über null Grad sein, denn es hatte zu tauen begonnen. Wir rutschten immer noch, aber es war schon erheblich besser geworden als noch einige Stunden zuvor. Wir hatten etwa 17 km vor uns und mussten auch noch über einen Bergpass, den Ith, fahren. Von der Kuppe des Berges bis hinunter ins nächste Dorf gab es einige Serpentinen und ich hatte Angst, dass dem Hund schlecht werden würde. »Dietrich, fahr bitte ganz langsam in die Kurven! Wenn ihm jetzt auch noch schlecht wird, erstickt er vielleicht!« Dietrich gab sich wirklich alle Mühe und zum Glück blieb der Hund ruhig. Die nachfolgenden beiden Straßenkreuzungen überfuhren wir mit Blaulicht. Es wäre nicht nötig gewesen, aber ich freute mich, dass zumindest Dietrich das Leben des Hundes es wert war, dieses Sonderrecht in diesem Fall auch einzusetzen. Endlich bogen wir auf den Hof der Tierklinik ein. Frau Dr. Türk hatte bereits alles für unser Eintreffen vorbereitet und kam heraus, um sich den Patienten anzusehen. »Der arme Kerl! Legen wir ihn auf den Rollwagen und bringen ihn rein.« Er ließ alles mit sich geschehen als ahnte er, dass ihm nun geholfen werden würde. Ich hatte ein wenig Angst, dass Frau Dr. Türk seinen Zustand für so schlecht befinden würde, dass man ihn besser einschläferte, um ihn von seinen Qualen zu erlösen, und so beobachtete ich kritisch jede Handbewegung und Äußerung von ihr. Glücklicherweise trat nichts ein, was auf diese letzte Möglichkeit hindeutete. Der Hund wurde auf den Boden der Praxis gelegt. Nichts sollte ihn einengen und er sollte sich so legen können, wie es für ihn am angenehmsten war. Frau Dr. Türk musste Blut für eine Untersuchung abnehmen und versuchte, einen venösen Zugang zu legen. Er war so tapfer, lag einfach nur da und ließ es geschehen. Der Zugang war gelegt, aber es kam einfach kein Blut. Es lief vorbei an dem Röhrchen, in das es eigentlich hineinlaufen sollte. Er tat mir so leid... Schließlich sahen wir, warum es nicht klappen konnte: Das Instrument war kaputt und musste ausgetauscht werden. Noch einmal stechen, noch einmal Schmerzen. Dann klappte es.

Zwischenzeitlich kam unser Kamerad, der am Funk im Auto geblieben war, zu uns in die Praxis. »Wir sollen zurückkommen.«

Schweren Herzens musste ich ihn nun zurücklassen. Es war absolut überflüssig, aber ich bat Frau Dr. Türk mit Nachdruck, alles für ihn zu tun, damit er überlebt. Sie erwiderte ebenfalls mit Nachdruck, dass dies für sie selbstverständlich sei und sie es ebenso gern wie ich hätte, wenn er durchkommt. Ich könne mich gern am nächsten Morgen ab zehn Uhr nach ihm erkundigen. »Hat er eigentlich, seit er aus dem Haus heraus ist, schon gepinkelt?« »Nein, ich habe nichts bemerkt.« Ich wunderte mich etwas über diese Frage. Das ist doch jetzt nicht so wichtig, dachte ich. Aber es sollte von großer Wichtigkeit für sein Überleben sein, wie ich später erfuhr. Ein letztes Mal hockte ich mich zu ihm: »Machs gut mein Freund. Du schaffst das schon. Alles wird wieder gut werden. Wir sehen uns bald, ja?« Ich wusste nicht, ob ich ihn tatsächlich wiedersehen oder ob er in dieser Nacht doch noch sterben würde, nachdem wir uns so um ihn bemüht hatten. Manchmal ist das Leben für Retter schwer zu verstehen, ob nun Feuerwehr oder Sanitäter. Manchmal nutzt aller Einsatz nichts und man muss akzeptieren, dass ein Leben trotz allem dabei enden kann. Ich betete für ihn und hoffte, dass Gott diesen Hund nicht einfach so sterben lassen würde. Sein Herrchen wäre bestimmt furchtbar traurig, wenn sein geliebter Hund es nicht geschafft hätte...

Wir machten uns auf den Heimweg. Es gab noch viel zu tun in dieser Nacht, denn die Löscharbeiten gingen weiter. Um ein Uhr morgens fuhr ich kurz nach Hause, um Dino Gassi machen zu lassen. Schnell schnitt ich noch ein

ganzes Brot auf, belegte es mit Wurst und Käse und eilte zurück zum Einsatzort. In einer Scheune hatten Helfer inzwischen Lebensmittel aller Art für die Feuerwehrleute bereitgestellt, einfach das, was man noch so zuhause hatte. Der ortsansässige Bäcker hatte inzwischen seine Backstube angeheizt und backte frische Berliner, die sogleich an die hungrigen Kameraden verteilt wurden. Sie hatten wohl ebenfalls kein Abendbrot mehr zu sich nehmen können. Meine Gedanken kehrten immer wieder zu dem Hund zurück. Ich drückte wirklich die Daumen für ihn und sehnte den nächsten Morgen herbei, an dem ich mich nach ihm würde erkundigen können. Um halb drei Uhr morgens schickte Max mich nach Hause. Es gab für mich kaum noch etwas zu tun. Das Feuer war so gut wie aus und bis auf eine Brandwache konnten nach und nach die Einsatzkräfte abrücken.
Zuhause angekommen sank ich doch ziemlich erschöpft ins Bett. Dino hob nur kurz die Augenlider und schnarchte bereits Sekunden später, wobei er es sich auf Max‘ Betthälfte bequem gemacht hatte. Nun aber schnell schlafen, dachte ich. Doch so hundemüde ich auch war, es ging nicht. Max, der auf eine langjährige Feuerwehrerfahrung zurückblicken kann, hatte es mir bereits einige Male beschrieben und nun erlebte ich es zum ersten Mal selbst: In Gedanken spielt man den Ablauf des Abends noch einmal von vorne bis hinten durch. Und wenn man am Ende angekommen ist, fängt man wieder von vorne an. So ging das Ganze etwa fünfmal, ohne dass ich irgendeinen Einfluss darauf gehabt hätte oder es irgendwie hätte anhalten können.

Der erste Tag

Irgendwann muss ich dann doch noch eingeschlafen sein, um wenige Minuten später von der Musik des sich einschaltenden Radioweckers geweckt zu werden. Ich war zwar ziemlich gerädert, aber dennoch hellwach. Es war wie früher, wenn man als Kind Geburtstag hatte. Man wacht auf und es fällt einem sogleich wieder ein, was heute für ein Tag ist und man ist munter, obwohl man sonst nicht aus den Federn kommt. Der Hund!

Max war immer noch nicht nach Hause gekommen. Ich machte mich fertig, fütterte Katzen und Vögel und bugsierte einen verschlafenen Dino ins Auto. Mein Weg zur Arbeit ist 47 km lang und führt direkt vorbei an der Tierklinik, in den wir den Hund gebracht hatten. Je näher wir kamen, desto angespannter wurde ich. Wenn Notfälle in der Praxis sind, brennt meistens eine Rotlichtlampe, die man beim Vorbeifahren in der Dunkelheit sehen kann. Ich konnte schon von weitem sehen, dass keine Lampe brannte... Es war alles dunkel und kein Auto parkte mehr vor der Klinik. Meine Stimmung sank. Er hatte es nicht geschafft! Ich war mir sicher. Enttäuscht setzte ich meine Fahrt fort, hielt wie immer unterwegs an, um eine Runde mit Dino zu gehen und brachte ihn schließlich zu meinen Eltern, die in derselben Straße wohnen, in der auch die Rechtsanwaltskanzlei liegt, in der ich seit 18 Jahren arbeite. Ich berichtete noch kurz vom Einsatz der vergangenen Nacht und fuhr dann ins Büro, wo ich die Geschichte noch mehrmals erzählen musste, immer das Zifferblatt der Uhr im Auge behaltend. Kurz nach zehn Uhr wählte ich die Nummer der Tierklinik. »Katja Schulze, guten Morgen! Ich wollte mich nach dem Brand-Hund von letzter Nacht erkundigen, ob er noch lebt?!« Mein Herz pochte. Die Stimme am anderen Ende trällerte fast: »Ja, er lebt!« Ich fasste es nicht. »Wirklich? Er *lebt?!* Ich bin vorhin bei Ihnen vorbeigefahren und es war gar kein Rotlicht an und niemand war da...?«

»In seinem Fall wäre Rotlicht nicht gut für ihn gewesen. Ich gebe Ihnen mal Frau Dr. Türk.«

Ich freute mich, von Frau Dr. Türk, die ein ähnliches Schicksal wie ich hinter sich haben musste, nämlich des »Wenig-Schlafens« in dieser Nacht, zu hören, wie es in den folgenden Stunden gegangen war. Um vier Uhr morgens sei er über den Berg gewesen, denn da habe er zum ersten Mal gepinkelt. Das sei wohl ganz wichtig, weil die primäre Gefahr wohl darin bestanden hatte, dass seine Nieren versagen. Das Pinkeln war das Zeichen dafür, dass alles noch funktionierte und er gute Chancen zum Überleben hatte. Sie sagte, dass er sicherlich noch einige Tage in der Klinik bleiben müsse, auch, weil er noch nichts fressen mochte, aber das war ja auch verständlich, wenn man so viel Rauch eingeatmet hatte, wie er. Ich versprach, wieder anzurufen und mich nach ihm zu erkundigen. Meine Stimmung besserte sich schlagartig und ich berichtete meinen Kolleginnen von der guten Nachricht. Am Abend erzählte Max, dass der Einsatz noch bis zum Nachmittag gedauert hatte, weil das Feuer an einer Stelle immer wieder aufflammte. In der Tageszeitung konnte man bereits an diesem Morgen den ersten Bericht mit Foto lesen:

Großalarm in Halle: Wohnhaus brennt

Halle (sie). Großeinsatz für die Feuerwehren der Samtgemeinde Bodenwerder: Ein dreistöckiges Wohnhaus stand gestern Abend in Halle in Flammen. Nachdem um 18.38 Uhr zunächst die Ortsfeuerwehr alarmiert wurde, löste die Rettungsleitstelle wenig später »Großalarm« aus. Knapp 200 Kräfte aller vier Stützpunkte sowie die Drehleiter aus Stadtoldendorf eilten auf glatten Straßen zum brennenden Fachwerkhaus. Bis Redaktionsschluss war nicht klar, ob sich in dem Gebäude noch eine Person mit Hund aufhielt. Ein Mann wurde leicht verletzt. Der TAH wird morgen ausführlich berichten.

Wie es weiter ging

Am nächsten Morgen im Büro telefonierte ich mit dem Leiter des Ordnungsamtes, der am Brandabend sein Einverständnis für die Verbringung des Hundes in die Tierklinik gegeben hatte. Mir war bis zu dem Zeitpunkt nicht klar gewesen, warum ein Ordnungsamtsleiter derartige Erklärungen abgeben musste, die doch auf der Hand lagen. Er erklärte mir, dass das Ordnungsamt immer dann tätig wird, wenn Menschen zum Beispiel wie hier durch einen Brand in Not geraten und zeitweise keine eigenen Entscheidungen treffen können. Hierbei ging es auch um die Kostenfrage, denn das Ordnungsamt übernimmt in einem solchen Falle zunächst die entstehenden Kosten und holt sich das Geld später von der Person wieder. Ich nannte dem Herrn Name und Anschrift der Tierklinik, die den Hund aufgenommen hatte und ließ dabei nicht unerwähnt, dass ich mich gern weiter um die Belange des Hundes kümmern würde. Er war über diese Bemerkung sehr froh, denn ich hatte ihm damit scheinbar eine kleine Last abgenommen. Bereitwillig gab er mir Namen und Telefonnummer eines Angehörigen des Hundebesitzers, an den ich mich wenden konnte.
Ich hatte an diesem Tag wirklich einiges an Arbeit liegen, aber ich musste zuerst diese Telefonate führen. Ich wählte die Nummer des Angehörigen und erfuhr, dass der Mann im Krankenhaus wegen der schweren Rauchvergiftung in ein künstliches Koma versetzt worden war . Ich dachte gleich an den Hund, der die gleiche schwere Rauchvergiftung erlitten hatte und seither jede Minute bei vollem Bewusstsein war. Er musste es durchleben, während man dem Menschen diese schmerzvollen Tage ersparte. Der Angehörige wusste noch nicht, wie es weitergehen solle und meinte, dass man abwarten müsse, wie sich alles entwickeln würde. Ich fragte nun endlich nach dem Namen des Hundes, damit man ihn in der Tierklinik ansprechen konnte. »Er heißt BENJI.« Auf meine Frage, wer Benji zu sich nehmen könnte, wenn er entlassen werden würde, war der Mann am Telefon ratlos, denn er hatte kleine Kinder und konnte sich nicht um Benji kümmern. Andere Verwandte schien es nicht zu geben oder kamen erst recht nicht in Frage. Damit begannen meine Sorgen. Normalerweise kümmert sich meiner Meinung nach eine Familie gerade nach einer solchen Katastrophe um alle Belange, doch für den Hund schien es niemanden zu geben. Ich dachte mir, gut Katja, du kennst den Hund schließlich nicht, vielleicht mag er keine kleinen Kinder oder hat sonst welche Eigenarten, die es verbieten, ihn aufzunehmen. Ich ging mal wieder von mir aus, die ich meinen Hund im Leben nie allein lassen würde und wäre

ich es, die im Koma im Krankenhaus läge, wäre sofort meine Familie zur Stelle, um Dino nach Hause zu holen. Aber die Menschen sind nun einmal verschieden und nicht für jeden ist ein Hund ein fester Bestandteil der Familie, der genauso dazu gehört wie alle anderen. Für viele reicht ja schon ein Sommerurlaub als Grund, sich eines Haustieres zu entledigen, ohne die geringste Ahnung davon zu haben, was sie ihm damit antun. In diesem Falle konnte ich mir jedoch kein Urteil erlauben. Es war einfach so und man musste halt andere Wege finden, ihn solange unterzubringen, bis sein Herrchen ihn wieder abholen konnte. Ich bot an, zu versuchen, eine Pflegestelle für Benji über den Tierschutzverein zu bekommen, was wiederum dankend angenommen wurde. Als Nächstes wählte ich die Nummer der Tierpraxis, um mich einerseits nach Benji zu erkundigen und andererseits seinen Namen bekannt zu geben. Man begrüßte mich bereits mit »Hallo Frau Schulze« und reichte mich direkt an Herrn Dr. Bitter, den »Chef der Tierklinik«, weiter. Er informierte mich über seinen Gesundheitszustand, dass es ihm schon wieder recht gut gehe und er eine Verätzung der Schleimhäute aufgrund einer schweren Rauchvergiftung erlitten habe. Er huste daher viel und wolle immer noch nichts zu sich nehmen bis auf wenige Löffel von dem Brei, den ihm die Tierarzthelferinnen mit viel Geduld immer wieder anboten. Er war in der Zwischenzeit mit dem Mobiltelefon direkt in den Krankenraum gegangen, in welchem Benji in einer großräumig errichteten Box untergebracht war.
»Herr Dr. Bitter, er heißt übrigens Benji.«
Er wiederholte mit seiner tiefen Stimme »Benji heißt du also« und berichtete mir sogleich, dass er daraufhin sofort seinen Kopf hob und ihn anschaute.
Ich erzählte von meinen Gesprächen mit dem Ordnungsamt und dem Angehörigen seines Herrchens und wollte wissen, wie lange Benji etwa noch in der Tierklinik bleiben müsste. Er antwortete, dass es wohl noch einige Tage sein würden und ich war froh, dass mir so noch etwas Zeit blieb, einen Platz für ihn zu finden.
In den folgenden Tagen telefonierte ich mir die Finger wund und die Ohren heiß. Ich sprach mit sämtlichen Tierschutzvereinen der Umgebung, sogar der angrenzenden Landkreise bis hin zur Landeshauptstadt, ohne auch nur von der Existenz einer einzigen Pflegestelle zu erfahren. Im Fernsehen hatte ich schon öfter davon gehört, aber im Umkreis von hundert Kilometern schien es etwas Derartiges nicht zu geben. Meine Gedanken kreisten langsam aber sicher nur noch um Benji. Ich wachte mit ihm auf und schlief abends wieder mit ihm ein. Es musste doch möglich sein, einen Hund für einige Zeit irgendwo unterzubringen, wo sich jemand um ihn kümmern würde. Das Tierheim kam für mich dabei als Institution überhaupt nicht in Frage. Er war einfach

kein Fall für ein Tierheim, denn er würde ja auch wieder abgeholt werden und bis dahin brauchte er eine liebevolle Betreuung, die ihn das Erlebte vergessen ließ. Ich hatte inzwischen auch erfahren, dass sein Herrchen aus dem Koma erwacht sei. Er konnte noch nicht wieder sprechen, aber er bat die Krankenschwestern um einen Zettel und einen Stift. Er soll als Erstes: »Benji?« geschrieben haben. Mich rührte das zutiefst. Was für eine tolle Beziehung mussten Hund und Herrchen haben. Er schien sehr an Benji zu hängen, wenn er als Erstes wissen wollte, ob sein Hund auch überlebt hat. Es galt einfach nur, diese Zeit, bis sein Herrchen ihn abholen konnte, irgendwie zu überbrücken. Ich war schon viel zu sehr in die Geschichte involviert, um dabei nicht helfen zu wollen. Im Büro war mein Chef schon ziemlich sensibilisiert auf den Namen »Benji«. »Telefoniert sie schon wieder wegen dem Hund...?« Ich musste ein bisschen vorsichtiger sein. Nicht, dass ich ernsthaft meinen Job riskiert hätte, dafür war ich schon viel zu lange dort und man wusste in all den Jahren um meine »Tier-Macke« und duldete sie zumindest stillschweigend mit einem nicht ganz ernst gemeinten erhobenen Zeigefinger. Es hatte nämlich keinen Sinn, mir etwas auszureden, ich machte es doch immer so, wie ich es wollte, koste es was, es wolle. So ließ man mich meistens gewähren und hoffte, dass es nicht allzu lange andauerte.

Happy End für Benji?

Am Freitagmorgen, fünf Tage nach dem Brand, telefonierte ich mit der Tierklinik und erfuhr, dass es Benji so gut ging, dass er eigentlich entlassen werden könnte. Wir waren in täglichem Kontakt gewesen und hatten gemeinsam versucht, eine Unterbringung für ihn zu finden, jedoch ohne Erfolg. Nach dem Mittag rief ich noch einmal die Angehörigen des Herrchens an und berichtete von der Misere. Nachdem ich eine Weile meine Verzweiflung kundgetan hatte, kippte das Gespräch plötzlich unerwartet in eine völlig andere Richtung. »Wissen Sie was,« unterbrach mich die Stimme am anderen Ende, »langsam geht mir das Ganze auch an die Nieren. Wir werden Benji zu uns nehmen!« Ich konnte es gar nicht glauben. »Meinen Sie wirklich? Das wäre ja das Beste für ihn!« Ich fragte vorsichtig an, wann sie ihn denn aus der Tierklinik abholen würden, weil ich gern dabei sein wollte, um die ganze Geschichte auch für mich selbst zu Ende bringen zu können. Ich hatte nahezu eine ganze Woche damit zugebracht, an Benji zu denken und für ihn zu telefonieren und musste von diesem »Trip« erstmal wieder herunterkommen. Er sagte, dass sie ihn gegen zehn Uhr morgens abholen würden und sich darauf freuten, mich kennen zu lernen, um sich bei mir auch persönlich für alles bedanken zu können. Da ich freitags nur bis 13.00 Uhr im Büro arbeite, fuhr ich anschließend in der Tierklinik vorbei, um die gute Nachricht zu überbringen. »Hallo Frau Schulze« wurde ich wieder sogleich beim Betreten der Praxis begrüßt. Ich berichtete davon, dass Benji morgen von Angehörigen abgeholt werden würde und alle waren erleichtert über den doch noch positiven Ausgang der Angelegenheit. »Möchten Sie einmal zu Benji rein?« Ich wollte nicht, dass er sich zu sehr aufregte, aber andererseits lag es mir schon am Herzen, ihn noch einmal richtig zu sehen. Ich holte schnell meinen »zufällig« mitgebrachten Fotoapparat. Wir hatten vor, ein Foto von Benji zu machen und es seinem Herrchen mit guten Genesungswünschen ins Krankenhaus zu schicken. Ich hoffte, dass er nicht enttäuscht war, wieder keinen vertrauten Menschen durch die Tür kommen zu sehen, und blieb zunächst in einiger Entfernung stehen. Schließlich kannte er mich ja auch gar nicht. Man öffnete die Gittertür seiner Box, so dass ich ein Foto machen konnte. Er lag auf einer Decke, immer noch mit einer Braunüle in seinem Bein und sah mich lange an. Ob er wohl wusste, wer ich war? Erinnerte er sich? Es war eine aufregende Woche gewesen, aber nun würde ja alles gut werden. Ich hatte es ihm doch versprochen und nun war es so. Ich sprach noch mit ihm, was für ein feiner tapferer Junge er doch sei und dass er morgen nach Hause gehen

könne. Die Tierarzthelferin forderte ihn auf, zu ihr zu kommen, was er auch gleich befolgte. Ich staunte, dass er schon wieder so gut auf den Beinen war, zwar langsam gehend, aber nicht unsicher. Er kam zu mir und ich streichelte ihm über den Kopf. Ab und zu musste er heftig husten und ich versuchte, mir vorzustellen, wie er sich fühlte. Mir fiel auf, dass es im Zimmer doch ziemlich nach Rauch roch, was immer noch aus seinem Fell kommen musste. Armer, tapferer Benji! Dann verabschiedete ich mich von ihm, sagte noch kurz den Tierarzthelferinnen Bescheid, dass ich am nächsten Tag um zehn Uhr da sein würde und fuhr froh und erleichtert nach Hause. Ich sah in Gedanken schon die Szenen vor mir, wie er sich freuen würde, seine Leute wiederzusehen und nach Hause fahren zu können.
Am Samstagmorgen erreichte ich um wenige Minuten vor zehn Uhr den Hof der Tierklinik. Es waren keine Autos auf dem Parkplatz und so nahm ich an, dass die Leute noch nicht eingetroffen waren. Ich ging hinein und fragte nach: »Ist noch niemand da wegen Benji?« »Ach, hallo Frau Schulze. Benji ist schon weg.« Ich konnte es nicht fassen. Ich war doch absolut pünktlich... Meine Enttäuschung ließ sich nicht übermalen. »Wie, er ist schon weg!?« »Die Leute sind vor etwa 20 Minuten mit ihm weggefahren.« Ich kämpfte tatsächlich mit den Tränen und sagte nur etwas, wie »Na, dann ist es ja gut, Hauptsache er hat sich gefreut« und solche Sachen. Vielleicht war ihnen etwas dazwischengekommen, dass sie früher kommen mussten. Vielleicht hatten sie versucht, mich zu erreichen oder würden mich zumindest später anrufen und erklären, warum sie ihn eher abholten. Sicher ist man auch ein ganz klein wenig wütend darüber, dass man 34 km umsonst gefahren ist, nachdem man eine ganz Woche lang fast ausschließlich mit ihrem Hund beschäftigt war, von den unzähligen Telefonaten und Kosten ganz zu schweigen, aber letztendlich ging es mir nur um Benji und dass er glücklich war. Ich hatte alles nur Erdenkliche für ihn getan und wünschte ihm in Gedanken alles Gute und viel Glück. Es kam natürlich kein Anruf mehr und man hatte auch nicht versucht, mich zu erreichen. Deshalb beschloss ich, am nächsten Tag, freundlich wie immer, mit keinem Wort wegen der geplatzten Verabredung, bei Benjis Leuten anzurufen und zu fragen, ob alles in Ordnung war. Ich hörte dann, dass alles gut laufe und man für Benji tue, was man könne. Er hätte sich auch riesig gefreut und sei seinen Leuten förmlich um den Hals gefallen bzw. gesprungen. Damit gab ich mich schließlich zufrieden und wünschte nochmals alles Gute für die weitere Zukunft von Hund und Herrchen.
Die Sache war für mich mit einem Happy End abgeschlossen und ich hatte meine Aufgabe erledigt. Dachte ich...

Schock!

Es verging eine Woche, in der ich natürlich noch oft an Benji dachte. Auf der Arbeit war man erleichtert gewesen, dass die »Aktion Hund« doch relativ schnell ein gutes Ende genommen hatte und alles wieder in geregelten Bahnen lief. Am Freitag fuhr ich auf dem Nachhauseweg noch schnell bei der Tierklinik vorbei, um für Dino eine Wurmkur-Tablette zu besorgen. Als mich die Tierarzthelferin sah, rief sie mir gleich entgegen: »Hallo Frau Schulze, wollen Sie zu Benji?«

Ich blickte sie mehr als fragend an. »Wieso Benji? Ich will etwas für Dino holen...« Sie berichtete mir, dass man Benji an diesem Tag zurückgebracht hatte, da sich schlimme Brandwunden herausgestellt hatten, die man zuvor wirklich überhaupt nicht erkennen konnte. Er war in dem Zimmer, in dem er gefunden worden war, keinem direkten Feuer ausgesetzt gewesen, also konnte er auch keine Verbrennungen erlitten haben. Oder doch? Ich konnte nicht glauben, was ich da hören musste und so führte sie mich zu ihm ins Krankenzimmer. Was ich dann sah, werde ich in meinem ganzen Leben nicht mehr aus meinem Kopf löschen können. Benji hatte zwei riesige Flächen auf der linken Körperseite, an denen kein Fell mehr war, sondern nur noch das pure blutrote Fleisch. Man hatte ihm einen Kragen um den Kopf angelegt, damit er an die Wunden nicht herankam. Als sie die Gittertür seiner Box öffnete, schoss er förmlich heraus und lief ruhelos in dem Raum auf und ab, von ei-

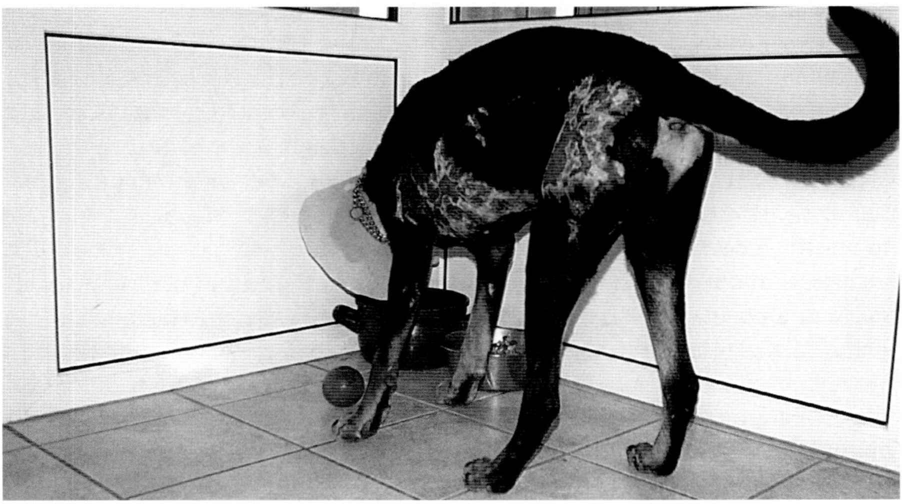

Benji's Wunden zwölf Wochen nach dem Brand.

nem zum andern. Er schien keine Schmerzen zu haben, sondern einfach wieder nach Hause zu wollen. Er hatte keine Geduld mehr, schon wieder in dieser Tierklinik-Box eingesperrt zu sein und konnte nicht verstehen, warum seine Familie ihn hierhin zurückgebracht hatte. Ich konnte ihn so gut verstehen... Aber diese Wunden sahen wirklich schrecklich aus. Ein Mensch hätte wahrscheinlich geschrieen, aber Benji schienen sie überhaupt nichts auszumachen. Er wollte nur heim! Ich sprach dann noch mit Herrn Dr. Bitter, weil ich mir nicht vorstellen konnte, dass so große Wunden von selbst wieder zuwachsen. Er berichtete mir von einem Hund, der angefahren worden war und ebenfalls eine große Menge an Fell und Haut dabei verloren hatte. Bei ihm war auch alles wieder gut verheilt und er sei heute ein glücklicher Hund. Das ließ hoffen! Zuhause berichtete ich Max von Benjis Verletzungen und wollte wissen, ob er sich die Verbrennungen erklären könnte. Er sagte, dass man ihn auf dem Fußboden im zweiten Stock, auf seiner linken Körperseite liegend, gefunden hätte. Hund und Herrchen befanden sich in nahezu dem einzigen Zimmer, in dem es nicht gebrannt hatte, das wusste ich ja, aber ich hatte nicht bedacht, dass die Flammen ja aus dem darunter liegenden Stockwerk bis an die Decke schlugen, also den Fußboden, auf dem Benji lag! Er musste also die ganze Zeit, als seine Kräfte ihn verlassen hatten und er nicht mehr in der Lage war, zu gehen, wie auf einer Herdplatte gelegen haben! Welche Ängste hatte er ausgestanden, überall Feuer, Rauch und Hitze und keine Möglichkeit des Entkommens. Wie lange hatte es gedauert, bis er mit seinem Leben abgeschlossen hatte und aufgab, sich zu wehren... Dieser Hund hatte einen wahren Albtraum durch-, aber auch überlebt.
Ich hatte gerade das Abendbrot zubereitet, als das Telefon klingelte. Die Tierklinik war dran. »Guten Abend Frau Schulze, hier ist Frau Dr. Quohs. Ich wollte Sie mal um Ihren Rat fragen. Benji leidet im Moment furchtbar. Er bellt und klagt die ganze Zeit. Schmerzen kann er keine haben, ich vermute, dass er einfach nach Hause möchte. Haben Sie eine Idee, wie man ihn beruhigen könnte?«
Im Hintergrund konnte man ihn deutlich hören. Es versetzte mir einen Stich ins Herz, ihn so leiden hören zu müssen. Wir überlegten hin und her, fanden aber keine Lösung. Wir verblieben so, dass ich am nächsten Vormittag in der Praxis vorbeikommen würde. Vielleicht würde uns dann etwas einfallen.
Aber auch am nächsten Tag hatten wir kein Glück. Ich hatte sämtliche Telefonnummern und Adressen dabei, die mir die einzelnen Tierschutzvereine aus der Vorwoche gegeben hatten und wir gingen alles noch einmal durch. Sowohl Frau Dr. Quohs als auch ich führten einige Telefonate in der Hoffnung, jemanden zu finden, der sich solange um Benji kümmern konnte,

bis sein Herrchen ihn wieder abholen würde. Seine Wunden mussten zwar täglich behandelt werden, aber dies hätte man durchaus auch von zu Hause aus tun können. Er musste nicht zwingend hierfür stationär in der Tierklinik bleiben. Dies hatte man auch Benjis Leuten gesagt, als sie ihn mit den vorwurfsvollen Worten »Sie haben da etwas übersehen« zurückbrachten, aber damit fühlten sie sich dann wohl doch überfordert und gaben ihn lieber wieder ab. Alle Telefonate blieben erfolglos. Wir mussten schweren Herzens aufgeben. Benji hatte sich in der Zwischenzeit wieder ein wenig mit seinem erneuten Schicksal abgefunden und war die meiste Zeit ruhig. Ich empfand es als sinnlos, noch einmal mit den Angehörigen zu telefonieren, weil ich ihre Verhaltensweise nicht verstehen wollte. Meine Aufgabe liegt bei den Hunden und weniger bei den Menschen. Und so wissen sie wahrscheinlich bis heute nicht, dass ich mich erneut seiner annahm.

Vier lange Wochen...

Benjis Wunden heilten zwar langsam, aber sie heilten. Irgendwann hatte er die Hoffnung aufgegeben, dass seine Angehörigen ihn wieder abholen würden und er nahm die Tierklinik zumindest derzeit als Zuhause an. Jedem, ob Tierärzten oder Tierarzthelferinnen, war er ans Herz gewachsen und man tat alles, um ihm den Aufenthalt so angenehm wie möglich zu gestalten. Er wurde zum Sorgenkind der Praxis und jeder, der ihn sah, hatte einfach nur Mitleid mit ihm. Von Seiten seines Herrchens kamen nur schleppend Informationen. Nach vierzehn Tagen wurde dieser aus dem Krankenhaus entlassen und musste sich dann zunächst um eine neue Wohnung kümmern. Tage und Wochen zogen ins Land. Was alle etwas stutzig machte, war, dass sich jedes Mal die Tierklinik bei ihm melden und nachfragen musste, wie es denn nun mit der neuen Wohnung aussähe. Er selbst meldete sich nicht ein einziges Mal, auch nicht, um zu fragen, wie es Benji ginge. Ich schob es darauf, dass er wohl zunächst alles fertig haben wollte in dem neuen Zuhause, bevor er Benji holte. Es gab sicher viel zu tun und dass ein Besuch von ihm in der Tierklinik für Benji nicht gut gewesen wäre, lag auf der Hand, denn dann hätte er wieder angefangen zu jammern und nach Hause gewollt. An jedem Freitag fuhr ich nach der Arbeit in die Tierklinik, um Benji zu besuchen und seine weitere Genesung zu betrachten. Er sah immer noch schlimm aus, aber es hatte sich auch schon etwas neue Haut rings um die Wunde gebildet. Es wuchs ganz langsam von außen nach innen zu, würde aber sicherlich noch einige Monate brauchen, bis es vollständig verheilt war.

Nachdem Benji nun wiederum seit drei Wochen in der Klinik gewesen war, wurden die Nachfragen bei seinem Herrchen, wann er ihn nun definitiv abholen könne, verstärkt. Schließlich teilte er mit, dass er an diesem Freitag »mal in der Praxis vorbeischauen würde«. Natürlich war ich auch anwesend, denn ich wollte nun endlich mal den Menschen zu dem Hund kennen lernen, der mich mittlerweile seit gut einem Monat beschäftigte. Ich war mir absolut sicher, dass er kommen würde, aber die Tierärzte und Helferinnen hatten kein gutes Gefühl. Und sie sollten Recht behalten. Es kam niemand! Ich verstand die Welt nicht mehr. Er würde doch seinen Hund abholen – oder nicht?! Niemand schreibt doch, nachdem er aus dem Koma erwacht ist, als Erstes den Namen seines mit ihm fast umgekommenen Hundes auf einen Zettel und meldet sich danach nicht mehr...! Noch aus der Praxis rief Frau Dr. Quohs bei ihm an und bat darum, nun endlich einmal Tacheles zu reden und endlich kam er mit der Sprache heraus, dass er Benji leider nicht mehr zurücknehmen könne, da er in der neuen Wohnung keinen Hund halten dürfe! Zwei Tage später traf es dann auch noch in schriftlicher Form ein. Meine Güte, Benji! Sein ganzes bisheriges Leben schien in diesem Moment in sich zusammenzustürzen, so wie das Haus, in dem er gelebt hatte, inzwischen abgerissen worden und in Trümmer zerfallen war. Jeden Morgen musste ich daran vorbeifahren und es wurde für mich zum Sinnbild für Benjis Schicksal. Benji dagegen wusste natürlich von alledem nichts. Er ahnte nichts von irgendwelchen Plänen. Für ihn war die schmerzvolle Trennung bereits vollzogen, als man ihn in die Tierklinik zurückgebracht hatte. Er war mit Hoffnung und Schmerz durch und schien offen zu sein für etwas Neues. Er liebte die Tierärzte und Helferinnen und wollte sein Leben leben. Nur uns Menschen versetzte dieser neue Umstand einen tiefen Stich ins Herz und man konnte nur froh sein, dass Benji davon nichts mitbekam. Vielleicht sollte er ruhig denken, dass sein Herrchen an dem Abend des Feuers gestorben und dies der Grund dafür war, dass er ihn seither nicht mehr wiedergesehen hatte, und nicht, dass dieser ihn offensichtlich nicht mehr zurückhaben wollte. Ich ging auch hier wieder von mir aus, dass ich eher mit meinem Hund unter einer Brücke schlafen würde, als ihn im Stich zu lassen. Aber wie heißt es so schön: Es hat ja keinen Sinn, über verschüttete Milch zu weinen, es ist ja bereits genug Wasser darin...

Was nun?

Meine Sorgen waren jedenfalls in vollem Umfang und schlimmer als vorher wieder da. Wohin sollte Benji jetzt? Er hätte längst aus der Tierklinik entlassen werden können, er hätte ja von vornherein gar nicht erst dableiben müssen. Es musste nun schnellstens eine Lösung gefunden werden, aber wie? Plötzlich suchten wir keine Pflegestelle mehr, sondern Benji musste vermittelt werden. Wertvolle Wochen waren verstrichen, in denen wir glaubten, dass sein Herrchen ihn auf jeden Fall abholen würde. Wie gern hätte ich ihn selbst genommen, aber wenn Dino und er sich begegnen würden, gäbe es einen Kampf auf Leben und Tod. Warum konnte er auch keine Hündin sein. Ob die Wissenschaft wohl schon soweit war, dass man Hunde einer Geschlechtsumwandlung unterziehen konnte? Er kreiste mehr und mehr durch meine Gedanken und hatte einen Platz auf ewig in meinem Herzen, aber in erster Linie war natürlich auch Dino mein Hund. Ich glaube allerdings bis heute, dass ich wahrscheinlich nur deshalb vor fünf Jahren in die aktive Feuerwehr eingetreten bin, um diesen Hund zu retten und mich um ihn zu kümmern. Es sollte alles genauso sein, wie es war und es gab keine Zufälle dabei.
Ich ging in Gedanken alle Freunde und Bekannten durch, die mir einfielen. Ich blieb hängen bei Ingrid, die vor kurzem ihre alte Pudelhündin hatte einschläfern lassen müssen und seither hundelos war. Sie kam zweifellos in Frage, da sie Tiere genauso liebt wie ich und mir erst vor einigen Wochen geholfen hatte, als ich einen herrenlos eine vielbefahrene Straße entlanglaufenden Pudel aufgegriffen hatte. Sie kam zufällig vorbei und nahm ihn mir ab, da ich ihn wegen Dinos Anwesenheit nicht in meinem Auto mitnehmen konnte. Er blieb zwei Wochen bei ihr, bis sich seine Familie bei ihr meldete und ihn wieder abholte. So ist Ingrid. Es wird nicht viel Aufhebens um eine Sache gemacht. Wenn ein Tier in Not ist, tut man, was man kann. Ich rief sie an und erzählte Benjis Geschichte. Sie kannte sowohl Hund als auch Herrchen von einem Straßenfest und verstand ebenfalls nicht, warum er ihn nicht mehr zurück haben wollte. Wir telefonierten einige Male bis sie, nachdem sie mit Bernd, ihrem Partner, gesprochen hatte, tatsächlich zusagte, Benji aufzunehmen. Wir wussten nur nicht, ob er sich mit den Perser-Katzen verstehen würde, die mit im Haus lebten, aber in der Tierklinik meinte man, dass er nicht aggressiv zu den Katzen sei, die ebenfalls im Krankenzimmer untergebracht waren. Sie liefen allerdings auch nicht frei herum, sondern saßen in Boxen oder Kenneln. Mir fiel erst einmal ein Stein von der Seele. Benji würde also nach Halle zurückkehren und wieder dort leben – und ich konnte ihn sehen,

wann immer ich wollte. Da Ingrid und Bernd den ganzen Tag arbeiteten und auf die Schnelle keinen Urlaub bekamen, war es das Beste, Benji am Freitag zu sich zu nehmen und das Wochenende zu nutzen, um sich in Ruhe kennen lernen zu können. Bis zum Freitag waren es allerdings noch gut vier Tage. Ich telefonierte mit der Tierklinik und überbrachte zunächst die gute Nachricht, dass ich neue Herrchen für Benji gefunden hatte. Mit der schriftlichen Erklärung seines alten Herrchens, dass er ihn zur Vermittlung freigeben würde, war jedoch völlig unklar geworden, wer nun die Kosten für Benjis Klinikaufenthalt zahlen würde. Das Ordnungsamt hatte zwar die Kostenübernahme zugesichert, jedoch nur bis zu dem Tag, an dem er von seinen Angehörigen nach der ersten Woche abgeholt worden war. Kostenschuldner bei Tierärzten ist nämlich nicht zwingend der Besitzer eines Tieres, sondern derjenige, der das Tier zur Behandlung zum Tierarzt bringt. Im Hinblick hierauf wollte ich Herrn Dr. Bitter nicht vier weitere kostenträchtige Tage abverlangen, denn man konnte fast voraussehen, dass er für die vier Wochen, in denen Benji dort über alle Maßen gepflegt und liebevoll versorgt worden war, auf seinen Kosten sitzen bleiben würde. Ich fragte also nach, ob Benji noch bis Freitag bleiben könne und erkundigte mich nach dem »Tagessatz«, den er kostet, denn ich wollte diesen bis Freitag übernehmen – ein Tropfen auf den heißen Stein, wenn man die übrigen vier Wochen betrachtet. Selbstverständlich konnte Benji noch bleiben. Ich bekam sogar Spenden für ihn: Meine Kolleginnen spendeten das Geld aus unserer Kaffeekasse und meine Mutter legte auch nochmal fünfzig Euro drauf. So konnte ich ihn am Freitag komplett aus Spendengeldern »auslösen« und auch der örtliche Tierschutzverein bekam davon noch einige Euros in die aufgestellte Spardose. Der Zeitpunkt war gekommen, um Benji abzuholen und ihn in sein neues Zuhause zu bringen.
Zunächst zeigte mir Frau Dr. Quohs noch, wie seine Wunden weiterhin versorgt werden mussten. Er war wirklich sehr brav dabei und ließ alles mit sich geschehen, obwohl es immer noch sehr weh tun musste. Der Brand war nun gut sechs Wochen her und rund zwei Drittel der Wundfläche waren immer noch offen. Die »richtige« neue rosafarbene Haut bildete sich sehr langsam und alles, was sich nicht am Rand, sondern auf der Fläche bildete, war nicht zur Heilung zu gebrauchen und musste vorsichtig heruntergekratzt werden. Da ich Benji ja eigentlich kaum kannte, erkundigte ich mich noch nach allen seinen möglichen Eigenschaften. Ich erfuhr, dass er natürlich Spaziergänge liebte und Spielzeug für ihn einfach alles ist. Bei seinen Spaziergängen mit einer Tierarzthelferin trug er immer einen Spiel-Strick mit sich herum und wenn es gar nichts anderes gab, genügten ihm auch einfache Steine aller Art und Größe. Er vertrug sich nicht mit anderen Rüden und zu Katzen konnte

man keine sichere Prognose stellen, außer, dass er sich für die Klinik-Kennel-Katzen nicht interessierte. Ich wurde noch ein wenig gewarnt, dass es sein könnte, dass man ihn – zumindest in der ersten Zeit – schlecht allein zuhause lassen könne. Auf meine Nachfrage erfuhr ich, dass seine »Ausgeh-Tierarzthelferin« ihn einmal aus Mitleid abends mit zu sich nach Hause genommen hatte. Solange sie bei ihm geblieben war, sei alles in Ordnung gewesen, aber in der Zeit, in der man ihn schließlich in einem Zimmer sich selbst überließ, hatte er dann wohl alles, was nicht niet- und nagelfest war, auseinandergenommen und auch noch die Türen zerkratzt! Herrje, was tat sie mir leid. Sie hatte es so gut gemeint und dann das. Es zeigte uns aber auch, dass eigentlich niemand Benji wirklich kannte und einschätzen konnte, auf welche Umstände er wie reagieren würde. Ich fragte mich, welche Traumen er aus der Brandnacht zurückbehalten hatte und welche Auswirkungen sie auf sein weiteres Leben haben würden? Andererseits durfte man nicht verkennen: Wie konnte er auch Menschen und Häusern überhaupt noch vertrauen, wo Häuser doch in Flammen aufgehen konnten und Menschen ihn immer und immer wieder einfach verließen? Woher sollte ein Hund noch einmal dieses Urvertrauen nehmen...? Ich bekam noch Salbe und Tabletten für die erste Zeit mit und dann hieß es für ihn ein weiteres Mal Abschied nehmen von seinen vertrauten und liebgewonnenen Menschen. Es ging für ihn zwar in ein neues Zuhause, aber davon wusste er nichts. Für ihn bedeutete es wieder eine Trennung und wieder kannte er weder den neuen Ort noch seine Menschen und ich konnte ihm nicht erklären, warum es so sein musste und doch das Beste für ihn war. Ich erkannte seinen Schmerz, als wir vom Hof der Tierklinik fuhren. Er blickte solange zurück, bis er sie nicht mehr sehen konnte und begann dann, leise zu wimmern. Ich versuchte, ihn zu trösten und erzählte ihm von einem ganz tollen Zuhause und ganz lieben Menschen, die sich auf ihn freuten. Aber ich konnte ihm viel erzählen in seinem Schmerz...
Ingrid und Bernd erwarteten uns schon. Benji spurtete aus dem Auto, so dass ich ihn kaum halten konnte. Er jagte die Stufen zum Eingang hoch und betrat dann etwas vorsichtiger sein neues Zuhause. Futter und Wasser standen schon bereit und auch eine Decke wurde für ihn in der Nähe des Kamins platziert. Ich setzte mich zu ihm auf den Boden und sprach mit ihm. »Benji, das ist jetzt dein neues Zuhause. Ich möchte, dass du artig bist und dir Mühe gibst, o.k.?« Ich hoffte, dass er mich irgendwie verstand und befolgen würde, was ich sagte. Mir fiel schon ein wenig sein Blick auf, den er in Richtung der Perserkatzen auf dem Sofa warf, hoffte aber noch, dass ich ihn falsch deutete... Ingrid nahm dann die Zügel in die Hand und meinte, dass sie es schon schaffen würden mit ihm. Zunächst einmal wollten sie mit ihm einen Spazier-

gang machen und alles Weitere würde sich schon ergeben. Wir gingen zusammen nach draußen und wie schnell Benji sich an vertraute Menschen klammerte, erkannte ich, als er plötzlich mir hinterher schaute, wie erst kurz zuvor der immer kleiner werdenden und schließlich hinter einer Kurve für immer verschwindenden Tierklinik.

Ich litt nicht weniger als er, aber wir würden ja Freunde bleiben und uns immer wieder sehen können. Ingrid hatte gesagt, dass sie mich in Kürze anrufen und berichten würde, also wartete ich. Es verging der Freitag und auch der Samstag, ohne dass ich irgendetwas hörte. Am Sonntag fragte ich mich, ob nichts zu hören ein gutes oder ein schlechtes Zeichen sei, als am Nachmittag schließlich das Telefon klingelte. Ich hörte es sofort an ihrer Stimme, die eigentlich immer fröhlich klang, jetzt aber einige Nuancen tiefer und trauriger sagte: »Du, wir haben ganz schöne Probleme mit Benji.« Mein Herz schlug mir bis zum Hals als ich erfuhr, was an diesen drei Tagen geschehen war: Benji vertrug sich überhaupt nicht mit den Katzen, wollte ihnen permanent hinterher jagen und knurrte, wenn er sie nur sah. Die beiden Perser trauten sich schließlich nicht mehr hinter dem Sofa hervor und Benji musste kurzerhand mit seiner Leine am Wohnzimmertisch angebunden werden. Natürlich war das weder für die Katzen noch für Benji eine angenehme Situation, denn jeder sollte sich ja frei bewegen können.

Außerdem war Benji bei einem Waldspaziergang weggelaufen! Er hatte zunächst gut gehört und ausgelassen halbe Bäume durch den Wald geschleppt, als er plötzlich ins Laufen geriet, nicht mehr zu halten war und auf kein Zurufen mehr reagierte. Vielleicht hatte er auch einen Weg wiedererkannt, den er früher mit seinem Herrchen immer gelaufen war. Ingrid und Bernd waren ihm so schnell es ging gefolgt und konnten ihn glücklicherweise etwas später wieder aufgreifen. Allerdings war sein Ausflug nicht ohne Folgen geblieben, denn bei einem Sprung über einen Bach hatte er sich einen langen tiefen Riss oberhalb des linken Vorderlaufes, sozusagen in der »Achselhöhle« zugezogen, der schlimm aussah. Solchen Überdehnungen konnte die neue Haut noch nicht standhalten, aber nach seinen vielen Wochen der Entbehrungen konnte man auch verstehen, dass Benji endlich einmal wieder nach Herzenslust toben und springen wollte. Nun aber stand er da wie ein Häufchen Elend und ließ betroffen die Schimpfe über sich ergehen.

Ich war ziemlich ärgerlich, denn ich hatte Ingrid gesagt, dass sie ihn in der ersten Zeit auf keinen Fall ohne Leine laufen lassen soll, bis man ihn besser kennt und einschätzen kann. Ich hatte mich doch nicht sechs Wochen um ihn gekümmert und die Tierklinik hatte nicht seine Brandwunden versorgt, damit

er zwei Tage nach seiner Entlassung von einem Auto überfahren und getötet würde. Man konnte von Glück sagen, dass nichts Schlimmeres passiert war. Ingrid berichtete weiter, dass man ihn tatsächlich nicht allein lassen könne. Bernd hatte ihn deshalb schon zu einigen Fahrten im Auto mitgenommen, damit Ingrid in der Zwischenzeit die notwendigen Hausarbeiten erledigen konnte. Das Hauptproblem bestand aber in seiner Aversion gegen die Katzen. Das Bedauern am anderen Ende der Leitung war riesengroß, denn ansonsten versicherte mir Ingrid, sei er ein absoluter Traumhund, bedingungslos gutmütig zu Menschen, er schlafe volle zehn Stunden durch und hatte sich bereits mit der Hündin eines Bekannten angefreundet. Doch leider änderte dies nichts daran, dass man Benji wohl nicht behalten konnte. »Mensch, Benji!« dachte ich. »Du verdirbst es dir aber auch selbst. Warum kannst du nicht einmal vernünftig sein und Katzen Katzen sein lassen...!«
Es war alles umsonst gewesen und was ich bislang mit Händen und Füßen abzuwehren versucht hatte, war nun bittere Wahrheit geworden: Benji musste ins Tierheim, an den Ort, an dem ich ihn auf keinen Fall sehen wollte. Als ich aufgelegt hatte, nahm ich Dino an die Leine und ging mit ihm erst einmal eine große Runde. Ich war so enttäuscht und es tat mir so unendlich leid, dass Benjis Leidensweg immer noch nicht zu Ende war, dass mir zum ersten Mal Tränen die Wangen herunterliefen. Mit meiner Objektivität, was diesen Hund betraf, war es endgültig vorbei. Er hatte mir das Herz gebrochen.

TIERHEIM!

Am späten Nachmittag des sechzehnten Februar 2004 wurde Benji von Ingrid und Bernd ins Tierheim gebracht. Ich hätte nicht in ihrer Haut stecken wollen, denn auch für die beiden war es zweifellos ein schwerer Gang. Meine Stimmung an diesem Tag ließ sich in einem Wort beschreiben: Trauer. Über die Ziffern der Büro-Uhr verfolgte ich in etwa Benjis Weg – nun fuhren sie los, nun kamen sie im Tierheim an, nun schaute er wieder Menschen hinterher, die er mochte, nun war er wieder... allein! Es musste schnell etwas passieren, so viel war klar. Ich fing an, Flyer über ihn zu drucken, die ich in allen möglichen Supermärkten, Tierfutterhäusern, bei Tierärzten und sonstigen Institutionen aushängen ließ. Auch bei Dr. Bitter wurde natürlich sofort einer angebracht, nachdem man mit Bestürzung gehört hatte, dass es mit Benjis Vermittlung nicht geklappt hatte.

Ich musste noch mehr Menschen erreichen und telefonierte mit der Zeitung des Landkreises.

»Würden Sie einen Bericht über einen Hund bringen?« fragte ich vorsichtig an. »Was kann er denn?« war die Antwort. »Nun, er ist so ziemlich der ärmste Hund der Welt und braucht dringend ein neues Herrchen,« erklärte ich mein Anliegen. Die Redakteurin erinnerte sich an den Brand und daran, dass noch ein Hund im Haus gewesen war. Es schien eine ganz gute Geschichte zu sein, denn sie schlug sogleich vor, dass man sich am Tierheim zum Fototermin, sozusagen mit Feuerwehrfrau und Hund, treffen könne. Ich bremste ein bisschen ab, denn es ging einzig und allein um Benji und von dem hatte bereits Ingrid digitale Fotos gemacht. Ich hatte auch schon einen Text vorbereitet, den ich der Redakteurin zusammen mit dem Foto am Abend per E-mail zuschickte. Sie versprach, ihn sofort zu bearbeiten und sagte, dass er schon in zwei Tagen erscheinen könne. Am Mittwoch war er nicht drin, auch nicht am Donnerstag und Freitag. Am Freitagnachmittag nach der Arbeit fuhr ich zum ersten Mal zu Benji ins Tierheim. Von 15-17 Uhr bestand die Möglichkeit, mit Hunden auszugehen. Ich musste mich beeilen, denn ich hatte gut siebzig Kilometer zu fahren und musste Dino noch von zuhause abholen. Er fuhr gern Auto und nachdem ich mit Benji gegangen war, sollte er drankommen. Ich stellte mich der Tierpflegerin vor, die mich schon von Telefonaten her kannte. Sie führte mich in ein Gebäude, in dem es mehrere kleinere Halbräume mit großen Fensterflächen gab, damit die Besucher gut sehen konnten, welches Tier dort beherbergt wird.

Gleich neben der Eingangstür war Benji untergebracht. Er war nicht draußen

bei den anderen Hunden, da seine Wunden noch sauber gehalten werden mussten. Als er mich sah, sprang er vor Freude wie ein Flummi hin und her und an mir hoch. Wir hatten Mühe, ihn anzuleinen, doch schließlich gelang es und sobald er konnte, stürzte er aus dem Haus, mich hinter sich herziehend vorbei an den bellenden Bewohnern, ohne sie eines Blickes zu würdigen, bloß raus und weg. Es war das erste Mal für mich, mit ihm spazieren zu gehen und ich war gespannt darauf, wie er sein würde. Wir passierten mein Auto, aus dem Dino staunend alles beobachtete. Er schien es nicht fassen zu können, dass ich mit einem anderen Hund spazieren ging und vergaß darüber völlig, wie ein Verrückter zu bellen und im Auto herumzuspringen. Man muss dazusagen, dass Max meinen kleinen Opel für Dino zum Zweisitzer gemacht und für ihn aus den umgelegten Hintersitzen eine recht große Fläche geschaffen hat, die es ihm ermöglicht, sich auf gut vier Quadratmetern frei zu bewegen und eben auch herumzuspringen, was das Auto bedrohlich zum Schaukeln bringen kann bei seinem Gewicht von gut sechzig Kilo. Er blamiert mich damit immer wieder gern aufs Neue, denn anstatt sich eben gerade als Rottweiler zu benehmen und den Vorurteilen der Menschen seine gute Erziehung entgegenzuhalten, tut er genau das, was man eben von einem Rottweiler erwartet. Esel!
Benji und ich erkundeten zunächst die nähere Umgebung und ich folgte, da ich mich in der Gegend nicht auskannte, in einigem Abstand anderen Leuten, die ebenfalls mit Tierheimhunden unterwegs waren. Ich hatte die Tasche voller Leckerlis, mit denen ich Benji jederzeit auf mich aufmerksam machen konnte, denn er fraß wirklich für sein Leben gern. Schon nach wenigen Metern suchte er sich auch das erste Steinchen, das er fortan mit sich herumtrug. Machten wir eine Pause, schob er mir das Steinchen mit einer Schubs-Bewegung seiner Nase zu und wartete gespannt darauf, dass ich es wegwarf. Es war nicht möglich, dieses Spiel für ihn uninteressant werden zu lassen. Wir banden es daher immer wieder in unseren Spaziergang ein. Nachdem er die ersten hundert Meter wie ein Verrückter an der Leine gezogen hatte, beruhigte er sich und ging völlig normal. Man konnte ihn gut führen und wenn uns ein anderer Hund begegnete, nahm ich ihn kurz und ließ den anderen vorbei. Er mochte zwar keine anderen Rüden, aber er verwandelte sich deswegen nicht gleich in eine reißende Bestie (wie Dino mitunter!). Ich stellte fest, dass die Umgebung um das Tierheim sehr schön war und viele Abwechslungsmöglichkeiten bot. Man konnte an den Weserwiesen entlang oder zu einem kleinen Baggersee gehen oder einen der vielen Feldwege nutzen. Wir hatten nur zwei Stunden Zeit, bis ich ihn zurückgebracht haben musste und ich wollte, dass er in dieser Zeit das tun konnte, wozu er Lust hatte und was ihn ein biss-

chen vom Tierheim ablenken würde. Wir entschieden uns für den Baggersee und er tobte durch den Schnee, der auf den Wiesen lag, wie ein junger Hund. Er trug immer noch, seit nunmehr sechs Wochen, den Plastik-Kragen aus der Tierklinik, damit er seine Wunden in Ruhe ließ. Mittlerweile ging er ihm wohl ziemlich auf die Nerven, denn überall eckte man damit an und es juckte ihn offenbar permanent. Draußen konnte er ihn eine Weile vergessen und einfach ein ganz normaler Hund sein. Die Leute, die uns begegneten, sahen ihn meistens mitleidig an. Manche sahen seine schlimmen Verletzungen, aber wenn sie ihn rechts vor sich hatten, sahen sie nur seine schöne und unversehrte Seite und fragten sich bestimmt, warum er einen »Eimer« um den Hals trug.

Die zwei Stunden vergingen viel zu schnell. Es war schön, mit ihm zusammen zu sein und ihm etwas Freude machen zu können. Die letzte Viertelstunde verbrachte ich mit ihm in seiner Kammer. Er bekam die letzten Leckerchen und mit ihm auf dem Boden sitzend spielten wir noch solange mit dem Ball, den man ihm gegeben hatte, bis wirklich alle Besucher das Tierheim verlassen mussten, wobei man hierbei anscheinend Wert auf Pünktlichkeit legte. Der Abschied fiel schwer, denn wahrscheinlich würde ich ihn erst wieder in einer Woche für wiederum nur zwei Stunden besuchen können. Diese Öffnungszeiten wollten mir nicht in den Verstand, denn das ganze Wochenende, wo man endlich Zeit hatte und nicht arbeiten musste, konnte man nichts, aber

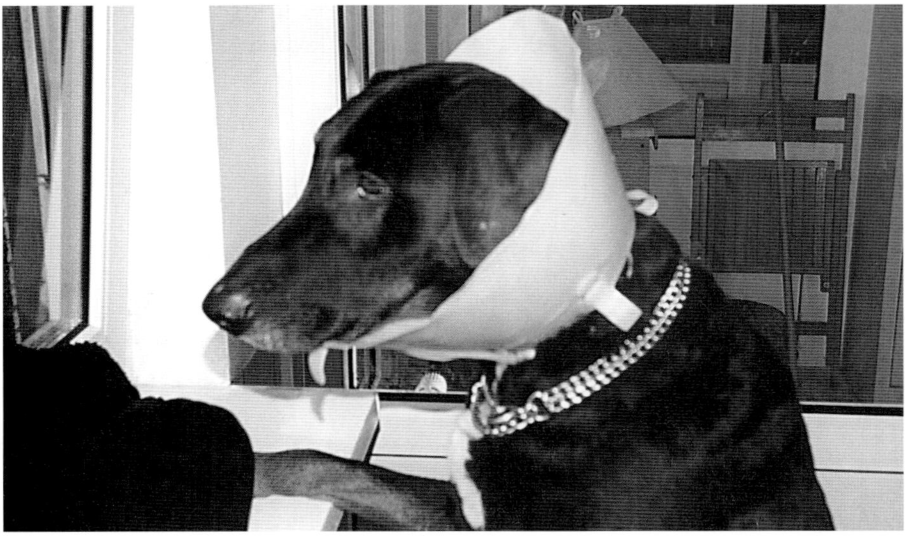

Dieser traurige Blick verfolgte mich jedesmal, wenn ich ihn im Tierheim zurücklassen musste.

auch gar nichts, für die Hunde dort tun. Benji war enttäuscht, als er erkannte, dass ich gehen würde. Er versuchte alles, mich aufzuhalten, aber es nützte nichts und ich konnte doch auch nicht anders. Ich streichelte ihn beruhigend und versicherte ihm, dass ich bald wiederkommen und ihn nicht im Stich lassen würde und dann musste ich gehen. Ich legte noch einmal meine Hand von draußen auf die Fensterscheibe und Benji presste seine Nase in die Ecke des aufeinandertreffenden Glases, als könnte er hindurchschnuppern. Traurig schaute er mir hinterher und als ich mich ein letztes Mal umdrehte, stand er aufrecht, die Vorderpfoten auf das Fensterbrett gestützt, um mich so lange es ging vom Fenster des Gebäudes aus mit seinen Blicken zu verfolgen. Als ich mit Dino anschließend denselben Weg noch einmal ging, hingen meine Gedanken immer noch bei Benji. Es war eine Grausamkeit sondergleichen für mich, in ein Tierheim zu gehen, die vielen Hunde zu sehen, denen man nicht allen helfen konnte und dann auch noch selbst einen Hund dort zu haben. Der Besuch begann mit großer Freude und endete in tiefer Trauer. Freude, zusammensein zu können, und Trauer, den Freund zurücklassen zu müssen. Ich fragte mich, wie oft ich das in Zukunft wohl noch aushalten müsste, bis Benji ein neues Herrchen haben und damit endlich alles gut werden würde. Am nächsten Morgen, endlich, Samstag, wo viele Leute Zeit zum Zeitunglesen hatten, war er endlich drin: Der Bericht über Benji, riesig groß und mit Farbfoto:

Wer gibt Benji ein neues Zuhause?
Rottweilermischling bei Hausbrand schwer verletzt

Halle (r) Vor sechs Wochen war Benjis Welt noch in Ordnung: Er lebte mit seinem Herrchen in einem Haus in Halle. Am Abend des 4. Januar jedoch sollte sich alles für ihn ändern: Das Haus brannte, Benji und sein Herrchen konnten nicht entkommen. Erst nach zweieinhalb Stunden wurden sie von Feuerwehrleuten gefunden, praktisch in letzter Minute gerettet. Sein Herrchen kam ins Krankenhaus, Benji in die Tierklinik. Und heute? Benji geht es etwas besser, doch sein Herrchen hat ihn aus der Tierklinik nicht abgeholt. Jetzt wartet der Hund im Tierheim auf ein neues Zuhause.

In der Brandnacht, als sein Herrchen ins Kranken-

haus gebracht wurde, kümmerten sich Feuerwehrleute und Sanitäter der Johanniter Unfallhilfe um den tierischen Patienten, der mit einer schweren Rauchvergiftung dem Tode näher war als dem Leben. »Benji wurde schließlich mit einem Feuerwehrauto in eine Tierklinik nach Oldendorf gebracht, wo man sich weiter um ihn kümmern konnte«, erinnert sich Oberfeuerwehrfrau Katja Schulze, die den Hund damals betreute und jetzt den TAH von dem Hundeschicksal informierte. Nach einer Woche schon konnte er von Familienangehörigen seines Herrchens abgeholt werden aus der Klinik. Alles schien in Ordnung zu sein. Doch eine Woche später saß er wieder in der Tierklinik. Brandverletzungen hatten sich bemerkbar gemacht. »Als Benji seinerzeit gefunden wurde, lag er auf der Seite auf dem Fußboden eines Zimmers, in das die Flammen nicht eingedrungen waren. Deshalb ging man »nur« von einer Rauchvergiftung aus. Allerdings schlugen die Flammen aus dem darunterliegenden Stockwerk von unten bis an die Decke, so dass Benji doch erhebliche Hitze abbekommen haben muss. Er hat praktisch wie auf einer Herdplatte gelegen und konnte sich durch die Rauchvergiftung nicht mehr selbst retten. »Er sah wirklich schlimm aus«, erzählt Katja Schulze. Was alle betrübte, nicht ein einziges Mal fragten die Besitzer nach, wie es Benji geht und was er macht. Nach vier weiteren Wochen in der Tierklinik bestätigte sich dann die Vermutung, dass Benji gar nicht mehr abgeholt werden würde. Sein Herrchen gab ihn zur Vermittlung frei, da er ihn nicht mehr zu sich nehmen könne...
Doch Benji hat Freunde gefunden, die sich um ihn sorgen. Katja Schulze zum Beispiel, die Feuerwehrfrau, Tierärzte und Tierpflegerinnen und zwei weitere tierliebe Menschen. Sie schwärmen von Benjis Wesen: Er ist absolut anpassungsfähig, zerrt nicht an der Leine, wenn er anderen Hunden begegnet, ist trotz seiner sechs Jahre verspielt, läuft

gern am Rad. Seine Verletzungen müssen noch ein wenig gepflegt werden, gereinigt und eingecremt, was er sich aber ohne Murren gefallen lässt. »Es wäre wunderbar, wenn Benji nach all dem Pech und Unglück, was ihm widerfahren ist, ein Herrchen oder eine Familie finden würde, die ihn all den Kummer und die Schmerzen vergessen lassen«, hofft Katja Schulze und fügt hinzu: »Er ist stubenrein und schläft volle zehn Stunden durch«.
Katja Schulze zum TAH: »Wir suchen für ihn eine Familie mit viel Zeit, die ihn vollends in ihr Leben integriert, mit Platz zum Spielen, Hundeerfahrung mit größeren Rassen, bitte keine Zwinger- oder Hofhaltung und möglichst auch ohne Katzen und kleine Kinder. Benji ist äußerst liebebedürftig und hat mit Menschen gar keine Probleme. Am Gehorsam kann sicher später noch ein bisschen nachgearbeitet werden, aber zunächst braucht er einfach dringend ein liebevolles Zuhause«. Ab Montag, 23. Februar, von 15 bis 17 Uhr kann Benji im Tierheim ..., Tel. ... besucht werden.
Katja Schulze zum TAH: »Ich hoffe, dass es eine letzte und vor allem kurze Station vor einem neuen und schönen Leben für ihn ist und dass alles gut für ihn werden wird, denn Letzteres habe ich ihm versprochen, als ich ihn aus dem Feuer von meinen Feuerwehrkameraden entgegennahm«.

Ich brauchte Urlaub oder zumindest einen freien Nachmittag, denn es würden viele Menschen am Montag ins Tierheim kommen, um sich Benji anzusehen. Im Büro versuchte man erst gar nicht, mich davon abzubringen, selbst anwesend zu sein und so wurde mir der halbe Tag Urlaub gewährt. Auf dem Weg ins Tierheim machte ich mir Gedanken, wie ich alles koordinieren sollte. Natürlich würde ihn nicht der Erstbeste bekommen, sondern derjenige, der die besseren Voraussetzungen mitbrachte. Das müssten die Leute im Interesse von Benji dann verstehen. Pünktlich um 15 Uhr parkte ich am Tierheim. Es war normale Ausgehzeit und ich kannte inzwischen einige Gesichter von Freitag her. Ich ging ins Büro und erkundigte mich, ob schon Leute nach Benji gefragt hatten, was verneint wurde. Naja, es war ja auch erst kurz nach

15 Uhr. Wahrscheinlich würden doch eher nach und nach welche eintrudeln. Ich beschloss, mich am Eingangsbereich aufzuhalten und so präsent zu bleiben. Die Zeit verging, aber es kam niemand für ihn. Nachdem fast eine Stunde nutzlos vergangen war, holte ich mir Benji, damit er wenigstens etwas raus kam. Ich sagte Bescheid, dass wir in der Nähe bleiben würden und sie mich über Handy erreichen konnten, wenn jemand kommen sollte. Von den anderen Tierheim-Ausgehern hatten offenbar einige den Bericht gelesen und sprachen mich an, ob das Benji sei.
Manche lächelten auch nur im Vorübergehen, jedenfalls kannte man Benji nun. Immerhin. Ich stellte fest, dass ich ziemlich naiv gewesen war, zu glauben, dass es seinetwegen einen Massenandrang geben würde. Aber dass überhaupt niemand kommen würde, enttäuschte mich doch sehr und ich war wieder einmal froh, dass Benji von allem nichts mitbekam, besonders nichts davon, dass ihn wieder einmal keiner haben wollte. Vielleicht würden ja auch die nächsten Tage noch Leute kommen. Mir war bei dem Gedanken jedoch ziemlich unwohl, da ich dann nicht da sein würde. Ich konnte aber auch nicht meinen Job aufgeben und permanent anwesend sein. Am besten, sie würden mir gleich ein Feldbett neben Benjis Decke aufstellen, damit ich im Tierheim leben könnte. Ich sagte daher bei der Tierheimleitung Bescheid, dass sie mich jederzeit anrufen könnten, wenn sich bei Benji irgendetwas tun sollte. Nur so konnte ich einigermaßen beruhigt sein, dass nichts mit ihm geschehen würde, wovon ich nichts wusste. Ich konnte ihn nicht plötzlich völlig dem Tierheim überlassen, wenn er auch rechtlich gesehen ihm gehörte und ich keinerlei Ansprüche stellen konnte. Das war die eine Sache, aber die andere war, dass *ich* Benji versprochen hatte, auf ihn aufzupassen und die Tatsache, dass er im Tierheim saß, war nicht die Station, die mich aus meinem Versprechen entlassen konnte, wenngleich nun andere Menschen das Sagen über ihn hatten. Ein Hund weiß nichts von Bürokratie und Verträgen und es ist unmöglich, ihm das verständlich zu machen. Er sieht nur, ob ich da bin oder nicht. Deshalb konnte nichts und niemand mich davon abhalten, meinen Weg mit ihm zu Ende zu gehen. Ich bin nicht der Mensch, der etwas verspricht und dann nicht dazu steht. Ich kann sehr trotzig sein, wenn es darum geht, etwas in dieser Richtung umzusetzen, was immer es auch kosten mag. Wenn es nicht unmöglich ist, dann muss es möglich sein. Dazwischen gibt es für mich nichts. Immerhin kam Benji an diesem Nachmittag noch eine Stunde raus, so dass die Aktion nicht völlig umsonst war. Um 17 Uhr verabschiedete ich mich von ihm und fuhr enttäuscht zurück.
Am Freitag war ich selbstverständlich pünktlich um 15 Uhr wieder bei ihm. Ich kannte ihn nun schon recht gut und wusste, was ihm Freude macht. Wir

gingen wieder zum See, warfen Stöckchen und spielten Ball, das ganze Programm. Und wieder brachte ich ihn zwei Stunden später schweren Herzens zurück ins Tierheim. Es hatte sich niemand mehr gemeldet für ihn und langsam gingen mir die Ideen aus, was ich noch für ihn tun konnte. Nach Benji kam Dino an die Reihe, dem es scheinbar in dieser neuen Umgebung auch sehr gefiel. Es gab so viel zu schnuppern und zu markieren, dass wir für die ersten zweihundert Meter fast eine halbe Stunde brauchten. Als ich von weitem eine Frau mit Hund erblickte, wichen wir zunächst auf den Acker aus. Glücklicherweise handelte es sich um ein verspieltes Hundemädchen, von dem Dino äußerst angetan war. Wir gingen ein Stück weit gemeinsam und kamen dabei ins Gespräch, während die beiden Hunde dasselbe auf ihre Weise taten. Ich erzählte gerade von Benji und dem Feuer, als plötzlich mein Handy klingelte. »Guten Tag, ich wollte fragen, ob Benji noch zu haben ist?« wollte eine Mädchenstimme von mir wissen. Ich war überrascht und hatte schon gar nicht mehr damit gerechnet, dass sich überhaupt noch jemand meldet und stotterte ziemlich rum. Ich hatte ja auch tausend Fragen, so einfach ist das schließlich nicht. Ich schlug vor, dass sie mich etwa in zwei Stunden zuhause anrufen möge, da ich im Moment noch beim Tierheim sei.

Endlich wieder draußen beim Spiel mit seinem Lieblingsball.

Dann könne man auch besser reden und billiger sei es sowieso. Tatsächlich klingelte zur verabredeten Zeit zuhause das Telefon. Es meldete sich wieder die Mädchenstimme, die mich dann an ihre Mutter weiterreichte. Sie hatten in Benjis Tierklinik den Flyer über ihn gelesen und waren erschüttert über sein Schicksal. Wir sprachen lange über Benji und was ich über die Familie erfuhr, klang durchweg positiv. Das einzige Manko war, dass bereits ein kleiner Jack-Russell-Terrier im Haushalt lebte. Angeblich mochte Benji ja keine Rüden, aber vielleicht kam uns ja der erhebliche Größenunterschied zugute, so dass Benji ihn vielleicht gar nicht ernst nehmen würde und keine Konkurrenz in ihm sah. Es kam auf einen Versuch an. Wir verabredeten uns für Montag am Tierheim, denn ich wollte natürlich dabei sein, wenn sie sich kennen lernen würden. Am Sonntag rief ich bei einer Kollegin an und bat darum, ein weiteres Mal den Nachmittag frei zu bekommen. Schließlich stand Benjis unmittelbare Vermittlung bevor. Was sollten sie tun, außer die Augen gen Himmel zu rollen und zu hoffen, dass es diesmal klappen würde, damit diese spontanen Urlaubswünsche ein Ende finden würden. Also wieder auf 15 Uhr die siebzig Kilometer zum Tierheim zurückgelegt und gewartet. Und abermals..... kam...... NIEMAND! Ich fasste es nicht und wäre stinksauer gewesen, wenn es nicht wenigstens für Benji etwas Gutes gehabt hätte, denn natürlich nutzten wir die Zeit zum Ausgehen. Langsam aber sicher gingen mir die Menschen im Allgemeinen auf die Nerven, mit ihrer Unzuverlässigkeit, ihrer Verantwortungslosigkeit und ihrem Egoismus. Wie sollte ich in diesem Haufen jemals ein Herrchen für Benji finden, der ihn auch verdiente... Am nächsten Tag, es war 14.50 Uhr, klingelte im Büro das Telefon, was an sich nichts Ungewöhnliches ist. Das Besondere war die mit übertragene Nummer, die ich sofort als die des Tierheims erkannte. »Was ist denn jetzt wieder...?!« entfuhr es mir. Es war die Tierpflegerin, die mich freundlicherweise informieren wollte, dass die Leute, die gestern nicht gekommen waren, gerade angerufen hätten, dass sie jetzt kommen wollten. Ich hätte doch gesagt, dass sie mich dann anrufen solle. Ich dachte mir, wenigstens einer, auf den man sich noch verlassen kann, aber wie stellten sie sich das vor?! Ich konnte unmöglich alles stehen und liegen lassen und wieder siebzig Kilometer hin und siebzig Kilometer zurück zum Tierheim fahren, denn ich musste danach ja jedes Mal Dino erst wieder von meinen Eltern abholen. Sie mussten von meinen »Aktionen« nicht unbedingt etwas mitbekommen, denn ich wusste bereits, was sie dazu sagen würden. Ich bedankte mich herzlich für die Information, sagte aber, dass ich wahrscheinlich diesmal nicht kommen könne. Kaum hatte ich aufgelegt, stieg in mir eine Unruhe auf, die ich nicht mehr unter Kontrolle bekam. Ich saß praktisch auf heißen Kohlen. Meine Kollegin bemerkte dies und redete auf mich ein: »Mensch, fahr zu Benji. Du hältst es doch sowieso nicht aus. Ich rede schon mit den Chefs!« Ich wehrte mich nicht wirklich dagegen und war zwei Minuten später aus dem Haus. Sofort rief ich vom Handy aus im Tierheim an und berichtete, dass ich doch kommen würde und man warten sollte. Die Leute hatten einen Vorsprung von gut dreißig Kilometern, da sie auf dem Weg zum Tierheim wohnten. Ich fuhr, was mein Auto hergab und erreichte mein Ziel in Rekordzeit. Als ich parkte, gingen gerade ein großgewachsenes Mädchen und ihre Mutter auf das Eingangstor zu. Das mussten sie sein. Ich spurtete hinterher und sprach sie an. Sie waren es und entschuldigten sich, dass es am Vortag nicht geklappt hatte. Ihnen war etwas dazwischengekommen. Während sie ihren mitgebrachten Jack-Russell-Rüden aus dem Auto ließen, holte ich Benji dazu. Wir gingen zunächst mit etwas Sicherheitsabstand, den wir aber nach und nach immer kleiner werden ließen. Benji interessierte sich überhaupt nicht für den kleinen Hund und war nur froh, draußen zu sein und überall schnuppern zu können. Dass es so unkompliziert werden würde, hatte ich kaum zu hoffen gewagt. Zwischendurch wechselten wir die Hunde, damit sie ein Gespür für ihn bekommen konnten. Das etwa fünfzehn Jahre alte Mädchen rannte mit ihm los und Benji sprang übermütig mit. Man merkte, dass sie gut mit Tieren umgehen konnte. Von der Mutter erfuhr ich, dass sie ein eigenes Pferd hätte und Turniere reite. Sie wusste genau, wie sie Benji zu nehmen hatte und würde durch ihre Pferdeerfahrung auch die nötige Konsequenz in seiner Erziehung aufweisen, dessen war ich mir sicher. Ich betrachtete die beiden und fand, dass sie ein schönes Paar abgaben. Jetzt hoffte ich nur noch, dass Benji ihre Erwartungen auch erfüllte und sie ihn zu sich nehmen würden. Als ich ihn zurückgebracht hatte, schwärmten sie bereits von ihm, wollten aber noch den Familienrat zuhause anhören und mich dann wieder anrufen. Noch am selben Abend klingelte das Telefon: »Wir nehmen ihn!« Ich war überglücklich. Es waren gute Leute und das Beste war, dass ich ihn weiterhin besuchen durfte. Sie wollten ihn am nächsten oder übernächsten Tag abholen und mich dann weiter informieren. Langsam musste ich mein Verantwortungsbewusstsein für ihn etwas herunterschrauben, soweit das möglich war. Es gab nun tatsächlich eine Familie für ihn, die in Zukunft die Verantwortung übernehmen würde. Der Zeitpunkt war gekommen, ihn aus den Händen zu geben und jemand anderem anzuvertrauen. Es war schwer, aber ich freute mich natürlich wahnsinnig für ihn. Endlich war alles ausgestanden und die Geschichte war zu einem guten Ende gekommen.

Warum ich das alles mache

Der nächste Tag war Mittwoch, der bei mir im Allgemeinen nur als »Hundetag« gilt, denn an diesem Tag existiere ich praktisch in keiner Minute für mich selbst, sondern nur für andere. Es ist ein weiteres festes Kapitel in meinem Leben und besteht in dieser Form seit rund acht Jahren. Seither helfe ich in einem privaten Tiergnadenhof in der Nähe, indem ich die Hunde ausführe. Das Minimum in all den Jahren lag bei fünf Touren mit einem bzw. höchstens zwei Hunden gleichzeitig und das Maximum waren acht Touren, was allerdings die absolute Schmerzgrenze war. Zur Zeit habe ich neun Hunde bei sechs Touren, wobei ich um 15.30 Uhr beginne und um etwa ein Uhr nachts dann halbtot ins Bett falle. Es ist eine anstrengende, aber schöne Arbeit, denn die Hunde wissen ganz genau, wann wieder Mittwoch ist und freuen sich von morgens an darauf, mit mir rauszugehen. Deshalb setze ich auch niemals aus, weil ich es nicht ertragen kann, zu wissen, dass sie jetzt auf mich warten und ich nicht komme. Man kann Hunden nichts erklären und sie würden den ganzen Tag zur Tür schauen und hoffen und schließlich furchtbar enttäuscht sein. Für mich sind Hunde einerseits wie kleine Kinder, die nicht groß werden, in einer Menschenwelt mit vielen Dingen, die sie nicht verstehen und vor denen ich sie behüten möchte, und andererseits stolze, kluge und wissende Geschöpfe ihrer Welt, von der wir wiederum keine Ahnung haben. Diese Mischung aus beidem begründet meine Liebe zu ihnen. Ich kann es nicht wirklich erklären, warum sie mich so berühren, dass ich nicht anders kann, als dort zu helfen, wo ich kann. Was habe ich schon für Hunde von der Straße aufgesammelt! Es scheint meine Bestimmung, meine Aufgabe von irgendwo oben zu sein, mich um Hunde zu kümmern. Ich brauche gar nicht danach zu suchen, die einzelnen Fälle kommen direkt auf mich zu und es liegt an mir, sie als Aufgabe anzunehmen oder nicht. Seit Kindheitstagen sind Hunde für mich wie Engel, die auf die Erde geschickt wurden. Ihre Seele soll nichts von ihrer Reinheit verlieren und die Menschen einiges lehren, was ihnen noch fehlt. Doch viele dringen einfach nicht durch zu den Menschen, werden verkannt und verkümmern schließlich. Ich wünschte mir, dass mehr Menschen sich mit ihrem wirklichen Wesen beschäftigen, sich auf sie ein- und von ihnen verzaubern lassen. Viel zu vielen wird jeden Tag Unrecht angetan, werden sie herumgezogen und in ein Schema gepresst, dem sie entsprechen müssen. Dabei wollen sie immer nur Partner und Freund sein und dieses Leben an der Seite ihres Menschen leben, bereit, alles dafür zu tun, was er verlangt. Welche Geduld sie manchmal für ihre Menschen aufbringen, ist mir bewusst geworden, als ich vor kurzem einen alten Golden-Retriever-Rüden bei einem Gartenfest beobachtete. Er lag auf dem Rasen an einer Stelle, die ihm von seinem Herrchen zugewiesen worden war. Ihm wurde befohlen, artig zu sein und dort liegen zu bleiben. Sein Kopf ruhte auf seinen Pfoten, als ein kleines Kind mit voller Wucht seinen Kinder-Buggy von hinten gegen ihn setzte. Der Hund erschrak, wusste aber offenbar, dass es das Kind gewesen war, das er schon die ganze Zeit herumtoben sah. Er erhob sich mit hängenden Ohren, legte sich etwa einen Meter weiter nieder und bekam dafür eine böse Schelte von seinem Herrchen, der in seiner Unterhaltung mit Tischnachbarn nicht das Kind mit dem Buggy gesehen hatte, sondern nur, dass der Hund sich unerlaubterweise woanders hinlegte. Ein Mensch hätte nun lauthals widersprochen ob dieser Ungerechtigkeit. Was konnte er dafür, dass das Kind gegen ihn fuhr? Erwartete man von ihm, dass er still liegen blieb? Oder wusste er, dass sein Mensch wieder nur die Hälfte mitbekommen hatte? Vielleicht nahm er es als Schelte für einen offensichtlich doch gemachten Fehler an, dass er in jedem Fall hätte liegen bleiben müssen, egal, welche Schmerzen ihm von wem und durch was auch immer zugefügt wurden. Vielleicht wusste er aber auch, dass er absolut gar nichts falsch gemacht hatte, dass es nicht einmal ihm, einem Hund, zuzumuten war, sich von einem Kind mit einem Kinderwagen über den Haufen fahren zu lassen, er es aber trotzdem seinem Menschen nicht übel nahm, dass dieser ihn ungerecht bestraft hatte. Welche Geduld und welche Liebe er in diesem Moment aufbrachte, berührte mich sehr. Natürlich konnte ich nicht anders, als sofort zu seinem Fürsprecher zu avancieren und wiederum sein Herrchen, einen guten Freund von uns, zu schelten, dass er lieber genau hinschauen solle, bevor er seinem Hund Unrecht tue. Der alte Retriever schaute zu mir rüber und schien genau zu wissen, was meine Worte bedeuteten. Dankbar zwinkerte er mit den Augen und ich zwinkerte zurück.

Wie viel Ungerechtigkeit müssen dagegen die Hunde erfahren haben, die diese Geduld und Liebe nicht mehr haben, die aufgegeben und sich in sich selbst zurückgezogen haben, die Nase voll von den wirklich furchtbaren Menschen, an die sie geraten sind. Sie sind niemals grundlos so wie sie sind und deshalb liegen sie mir besonders am Herzen, denn ich möchte, dass sie wissen, dass nicht alle Menschen so sind und dass sie einfach nur Pech hatten. Unter meinen »Mittwochs-Hunden« sind zwei, die so schlimme Erinnerungen an Menschen haben, dass man einen gar nicht und den anderen nur mit besonderer Vorsicht berühren darf. Zu Charly, dem härteren Fall, habe ich im Laufe der Zeit eine Art Vertrauensbasis aufgebaut, die es mir erlaubte, mich in ruhigen Momenten, wenn wir Pause machten, hinzuhocken und ihn dann

berühren zu dürfen. Er zeigte mir, dass es nun in Ordnung ist und drehte mir den Rücken zu, als ob er damit sagen wollte, du darfst mich jetzt streicheln, ich werde dich nicht beißen. Leider ist dieser hart erkämpfte Fortschritt letztens durch ein Missgeschick zunichte gemacht worden, als sein nicht richtig angelegtes Halsband plötzlich samt der Flexi-Leine zurückschnellte und er völlig frei dastand. Als ich es ihm wie ein Lasso wieder überzustreifen versuchte, blieb es so unglücklich an seinem Gesicht hängen, dass er Angst bekam und Anstalten machte, mich anzugreifen, sollte ich noch einen Schritt näherkommen. Es war bereits dunkel draußen und ich hatte Angst, dass er weg- und vor ein Auto läuft. Auch andere Menschen, womöglich noch mit Hunden, wären ein Problem geworden. Er merkte natürlich bald, dass er laufen konnte, wie er wollte, und wurde immer schneller, so dass ich Mühe hatte, mit ihm mitzuhalten. Zum Glück lief er auf direktem Weg zurück zum Tiergnadenhof und weder Mensch, noch Auto, noch Hund kamen uns in die Quere. Dieses Erlebnis stand einige Mittwoche zwischen uns. Ich wollte ihm ein Leckerli geben und er wusste offenbar nicht gleich, wie er die nach ihm ausgestreckte Hand deuten sollte. Als ich wiederum sein Zögern bemerkte, was manchmal ein Anzeichen für ein baldiges Zuschnappen sein kann, wurde ich unsicher und ließ das Leckerli fallen. Das ging einige Male so, bis er sich wieder sicher war, dass er ein Leckerli bekam und meine ausgestreckte Hand keine Gefahr darstellte. Trotz allem ist er mein besonderer Freund. Wir sprechen viel mit den Augen und zwinkern uns zu, während wir nebeneinander hergehen. Ich werde ihn nie streicheln dürfen, dafür ist das, was er mit Menschen verbindet, zu schwerwiegend gewesen. Aber er merkt, dass ich anders bin und ihm nicht wehtun will und manchmal eben auch nicht weiß, wie ich mich verhalten soll.
Benji ist also nicht meine erste »Hunde-Aufgabe«. Ich bin absolut vorbelastet und wenn ich gesund bleibe, werden sicherlich noch einige Hunde in mein Leben treten, für die ich etwas tun soll und gern tun werde. Ich bin davon überzeugt, dass jeder Mensch eine Aufgabe in seinem Leben hat und dass jeder etwas tun sollte, wenn er die Möglichkeit dazu hat. Jeder kann etwas geben, wie Theodore Roosevelt sagte: »Tu, was du kannst, mit dem, was du hast, dort, wo du bist.« Meine Aufgabe liegt halt bei den Hunden. Wer nun sagt, dass das recht wenig ist, als Lebensaufgabe gesehen, den frage ich in solchen Fällen, was er denn so tut. Meistens tun gerade die Menschen, die andere für ihr Tun kritisieren, gar nichts. Es ist an jedem einzelnen, sich für eine Sache zu engagieren und dort Gutes zu tun. Es gibt wahrhaft genügend Möglichkeiten, ehrenamtlich zu helfen und etwas zu bewegen. Ich habe heute nicht mehr dieses reine Freizeitdenken, das man als Jugendlicher hat: Was

machen wir heute, was machen wir morgen, welche Party steigt am Wochenende? Meine Wochenenden sehen so aus, dass ich das Haus in Schuss habe, das Essen für mich, Max und Dino zubereite, meine anderen Tiere versorge und ansonsten im Tierheim anzutreffen bin. Und trotzdem ist es wichtig, auch ab und zu etwas für sich selbst zu tun, denn wenn man nur für andere lebt und sich selbst dabei verliert, hat man früher oder später nicht mehr die Kraft, die man dafür braucht und bleibt auf der Strecke. Ich kann eine Menge Kraft auftanken, wenn ich zum Beispiel ein Musik-Konzert besuche oder eine Tagesfahrt nach Helgoland unternehme. Alles hat seine Zeit und alles hat seinen Platz und alles ist möglich, wenn man es wirklich will. Wenn ich eines Tages gefragt werde, was ich mit meinem Leben angefangen habe, wofür ich es genutzt habe, kann ich sagen: Ich habe mich um die Hunde gekümmert. Ich habe versucht, ihnen etwas Positives mitzugeben, das ihnen in ihrer Entwicklung weiterhilft und sie auf dem richtigen Weg hält und umgekehrt haben sie es natürlich auch mit mir getan. Ich glaube schon lange nicht mehr an Zufälle. Meistens soll es so und nicht anders sein. Menschen und Tiere werden einander geschickt. Manchmal soll man geben und manchmal bekommt man etwas und meistens geschieht beides im gegenseitigen Wechsel. Ich habe eine gewisse Gelassenheit mit den Jahren bekommen weil ich weiß, dass nichts ohne Grund geschieht und man nie aufhört, zu lernen und mit seinen Aufgaben zu wachsen.

Aber zurück zu Benji...
Am Donnerstag war ich zum ersten Mal richtig entspannt und wie von einer schweren Last (wobei Benji für mich natürlich keine Last war) befreit. Ich arbeitete bis 13:00 Uhr, aß bei meinen Eltern zu Mittag und ging mit Dino eine große Runde, wie jeden Tag, bevor ich um 14.30 Uhr wieder ins Büro ging. Ich war gerade dabei, Dino abzuleinen, als mein Handy klingelte. Aufgeregt berichtete mir die Mutter des Mädchens, die Benji am Vormittag vom Tierheim abgeholt hatten, dass er den kleinen Jack-Russell-Terrier gebissen hatte. Es sei um ein Spielzeug gegangen, das beide haben wollten, und dann hatte er ihn kurzerhand am Rücken gepackt, und da so ein Jack Russell ja bekanntlich nicht sehr groß ist, konnte er Benji nicht viel entgegenhalten. Es schien zu eskalieren, denn offenbar war das Ganze gerade erst passiert und die beiden waren noch nicht wirklich sicher auseinandergebracht. »Sperren Sie ihn erst einmal irgendwo ein!« Jetzt war auch ich aufgeregt, konnte aber aus der Entfernung von gut dreißig Kilometern nicht wirklich viel helfen. Was versprach sie sich also von diesem Anruf jetzt...? »Frau Schulze, es tut mir leid, aber wir werden Benji sofort zurückbringen. Unter diesen Umständen

können wir ihn auf keinen Fall behalten.« Natürlich konnten sie nicht. Ich war enttäuscht und wütend. »Mensch, Benji! Musste das jetzt wieder sein?!« Traurig fuhr ich zurück ins Büro und berichtete. Meine Gedanken blieben bei Benji. Wieder zurück ins Tierheim und wieder allein. Einzelhaft wegen eines Spielzeuges. Natürlich war ich am nächsten Tag, Freitag, wieder bei ihm. Zwei Stunden der Freude unter freiem Himmel, der See, Reste von Schnee, Steinchen- und Ballwerfen und wieder Tierheim und wieder Abschied für eine Woche. Es war so und ich konnte es nicht ändern. Auf der Fahrt nach Hause hörte ich Musik, die meinem Schmerz gut tat und zugleich die Tränen in die Augen trieb. Was immer auch passieren würde, von Anfang an und erst recht jetzt schwor ich mir, an Benjis Seite zu bleiben, für ihn da zu sein und es auszuhalten, was es auch bedeuten mochte. An jedem Freitag, der folgte, war ich pünktlich auf die Minute da und bis zur letzten vor Schließung bei ihm. Unsere Spaziergänge waren voller Rituale, denn er liebte das Gewohnte und wusste bald, was als Nächstes kam. Der See war unser Entdeckergebiet, denn fast jedes Mal fanden wir einen offenbar von anderen Hunden verlorenen oder zurückgelassenen Ball, und es bereitete ihm einen Heidenspaß, wenn er einen erblickt hatte. Stolz trug er seine Trophäe davon und gestattete mir, ihn ab und an fortzuwerfen, damit er hinterherhechten konnte. Seine Wunden sahen auch nach mittlerweile zehn Wochen immer noch schlimm aus. Ihn schienen sie aber überhaupt nicht mehr zu stören. Der Riss in der Achselhöhle heilte schlecht und jeder Sprung musste einfach wehtun. Er aber sprang umher, als sei es überhaupt nichts. Er wollte einfach springen und ein Hund sein dürfen. So vergingen vier Wochen und niemand fragte mehr nach ihm oder interessierte sich für ihn. Dann, am Freitag der fünften Woche nach Benjis Rückkehr ins Tierheim, geschah das, wovor ich immer Angst gehabt hatte.

Benji ist weg

Die Taschen voller Leckerlis und zwei Geflügelwürstchen, die Flexi-Leine in der Hand, erreichte ich kurz vor 15 Uhr das Tierheim. Ich begrüßte die Tierpflegerin und fragte nach dem Schlüssel für Benji. Sie kannten mich ja mittlerweile gut und meistens musste ich gar nichts sagen, sondern bekam sogleich den Schlüssel für sein Haus. Diesmal war irgendetwas anders. Die Tierpflegerin machte ein ernstes Gesicht, sagte, dass Benji krank geworden und zurzeit nicht da sei. Sie verwies mich an die Tierheimleiterin, die im Büro telefonierte und ich hatte das Gefühl, dass sie nicht zu viel mit mir sprechen sollte. Besorgt nahm ich im Büro Platz und wartete ungeduldig darauf, endlich zu erfahren, was mit Benji los war. Ich kannte die Tierheimleiterin aus vielen Telefonaten vom Tag nach dem Brand, über die Suche nach einem Pflegeplatz, als er zurück in die Tierklinik gebracht wurde, dann als der erste Vermittlungsversuch scheiterte und er doch ins Tierheim musste und als ich etwa vierzehn Tage vorher bei ihr im Büro gewesen war, als es darum ging, Benji auf die Internet-Seite des Vereins für Dobermänner in Not setzen zu dürfen. Sie wusste, wie sehr er mir am Herzen lag und dass ich seit Wochen regelmäßig mit ihm ausging. Jetzt sah sie mich an oder vielmehr sah mich nicht an, sondern füllte irgendein vor ihr liegendes Schriftstück aus und erzählte mir dabei, dass Benji sehr krank geworden sei und man ihn zu einer Tierärztin gebracht habe, bei der es ihm den Umständen entsprechend gut gehe. Ich wollte natürlich wissen, bei welcher Tierärztin er sei, damit ich mich dort nach ihm erkundigen konnte, aber sie antwortete, dass sie mir diese Auskunft nicht erteilen dürfe. Mein Herz begann, mir bis zum Hals zu klopfen. Ich war doch nicht irgendein Dahergelaufener, dem man nicht sagen konnte, wo sich ein Hund befindet! Trotz Herzklopfens versuchte ich, Ruhe zu bewahren und einen freundlichen Ton zu behalten. »Sie wissen doch genau, dass ich mich seit Wochen, ja Monaten um Benji kümmere. Sie müssen mir doch sagen können, bei wem ich mich nach ihm erkundigen kann, gerade, wenn er so krank ist. Ich will doch nichts Negatives, sondern nur Gutes für ihn.« Sie antwortete, dass sie das wisse und auch verstehe, mir aber leider in diesem speziellen Fall weder Namen noch Telefonnummer geben dürfe. Als ich merkte, dass ich nicht weiter kam, wurde ich dann doch etwas lauter: »Jetzt nehmen Sie Benji doch nicht noch den letzten Menschen, den er kennt!« Sie betonte daraufhin, dass es ihm dort, wo er sei, sehr gut gehe. Langsam platzte mir der Kragen: »Das können Sie doch gar nicht beurteilen! Woher wollen Sie wissen, was in ihm vorgeht? Sie kennen ihn doch gar

nicht!« Ich war fassungslos, aber es nützte alles nichts. Schließlich verließ ich das Tierheim, ohne irgendetwas erfahren zu haben, außer, dass er bei einer Tierärztin sei. Ich würde eben alle Tierärzte der Umgebung anrufen. Bei irgendeinem würde ich ihn schon wiederfinden. Zunächst aber holte ich Dino aus dem Auto, der erstaunt war, jetzt schon dranzukommen. Ich musste erst einmal etwas an der frischen Luft gehen. Enttäuschung, Wut und Sorge vermischten sich und ein paar Tränen, die ich jedoch sogleich wegwischte, liefen mir über die Wangen. In Gedanken ging ich die Woche noch einmal durch. Am Mittwoch hatte ich viel an Benji denken müssen, während ich mit meinen Gnadenhof-Hunden ging. Irgendwie war mir, als ob es ihm nicht gut gehe, aber ich verdrängte diese Gedanken damit, dass man mich in einem solchen Fall doch anrufen würde. Hatte er tatsächlich versucht, mit mir in Verbindung zu treten? Nun war mein Alptraum wahr geworden. Benji war weg und niemand sagte mir etwas darüber, wo er war. Ich hatte keinerlei Recht auf Auskunft und was ich bislang für ihn getan hatte, schien keine Bedeutung mehr zu haben. Danke und tschüß! Aber ich wäre nicht ich, wenn ich jetzt schon aufgegeben hätte. Da mussten sie sich schon was Besseres einfallen lassen. Als ich zuhause ankam, wollte ich Max erzählen, was passiert war, doch er reagierte unwirsch: »Ich will es gar nicht wissen, erzähl mir nichts mehr von diesem Hund. Ich kann es nicht mehr hören!« Das auch noch. Ich stand also völlig allein mit meinen Sorgen, aber ich tat fortan, was er begehrte: Ich erzählte ihm nichts mehr von Benji.
Nach einer unruhigen Nacht, in der ich immer wieder aufwachte und sofort an Benji denken musste, begann ich, das Telefonbuch zu wälzen. Ich rief zunächst einige Tierärztinnen an und erzählte ihnen, was geschehen war. Alle waren sehr freundlich und hilfsbereit, aber bei keiner von ihnen war mein Freund untergekommen. Schließlich schüttete ich mein Herz Herrn Dr. Bitter aus, der auch nicht erfreut über Benjis Verschwinden war und mir die Telefonnummer der Tierärztekammer gab, an die ich mich am Montag mit der Bitte um Rat wenden sollte. Benji und meine Sorge um ihn war nun allgegenwärtig. Die Sache schlug mir auf den Magen und ich konnte kaum etwas essen. Nach einer erneuten Nacht, in der ich wieder kaum Schlaf gefunden hatte, musste irgendetwas geschehen. Ich konnte mir nicht die Nächte um die Ohren schlagen und dann zur Arbeit fahren. Ich suchte im Telefonbuch die Nummer der Tierheimleiterin und hatte Glück, dass sie tatsächlich darin verzeichnet war mit ihrer privaten Adresse. Ich machte mir Notizen, was ich unbedingt sagen wollte, falls sie mich nicht anhören würde und dann wählte ich mit klopfendem Herzen ihre Nummer. Sie war zuhause:
»Guten Morgen, hier ist Katja Schulze. Ich möchte Sie noch einmal bitten, mir

zu sagen, wo Benji ist. Ich habe die letzten beiden Nächte kaum geschlafen und kann mit der Situation so nicht leben. Ich weiß ja nicht einmal, ob er überhaupt noch lebt.« Ganz überraschend kam sogleich ihre Antwort: »Ach, Frau Schulze, gut, dass Sie anrufen, ich wollte Sie auch schon erreichen. Ich habe mit der Tierärztin gesprochen und ich kann Ihnen anbieten, dass wir gemeinsam zu Benji fahren. Auf dem Weg dorthin werde ich Ihnen dann erklären, warum ich es Ihnen nicht erzählen konnte.« In meinem Kopf war ein riesiges Fragezeichen, aber natürlich nahm ich ihr Angebot an, mit ihr zu Benji zu fahren. Wir verabredeten uns für den kommenden Donnerstag um zehn Uhr am Tierheim. Nun konnte ich endlich wieder durchschlafen und erwartete sehnlichst den Donnerstag, an dem sich alles aufklären würde. Als ich Mittwochabend vom Gnadenhof nach Hause fuhr, fiel mir der von meinem Auto ausgehende Benzingestank auf. Am Haus angekommen, sah ich den Schlamassel: Ich verlor in nicht unerheblichem Maße Benzin! Ich stellte eine Schüssel unter den Wagen und weckte Max, der sich schimpfend nachts um ein Uhr noch unter mein Auto legen musste. »Da kannst du nicht mehr mit fahren! Der muss morgen früh sofort in die Werkstatt!« Auch das noch! Max wusste natürlich nichts von meinen Plänen des nächsten Tages, dass ich um zehn Uhr am Tierheim sein musste und einen halben Tag Urlaub genommen hatte. Um Punkt acht Uhr des nächsten Morgens lenkte ich das Auto auf den Hof der Werkstatt in der Hoffnung, dass man mir sofort helfen könnte, damit ich rechtzeitig am Tierheim sein würde. »Wir können das zwischenschieben, aber vor 13 Uhr wird er nicht fertig sein« machte der Kfz-Mechaniker meine Hoffnungen zunichte. Ich saß fest. Ich musste das Auto dort lassen und befand mich nun acht Kilometer von zuhause und fünfzehn Kilometer vom Tierheim entfernt. Wer konnte mir jetzt helfen? Ich rief meinen Schwiegervater an. Er war seit kurzem Rentner und wenn er zuhause wäre, würde er mir sicher helfen. Zum Glück hatte ich mein Handy dabei und erreichte ihn tatsächlich zuhause. Er wollte gerade zu einem Arztbesuch aufbrechen, der in der Nähe des Tierheims seine Praxis hat, und natürlich konnte er mich mitnehmen! So erreichte ich kurz nach neun Uhr das Tierheim und da bereits die Tierpflegerin ebenfalls vor Ort war, nutzte ich die Zeit und ging noch mit zwei Hunden Gassi, die sich sehr über diese Abwechslung freuten. Die Tierheimleiterin fuhr pünktlich um zehn Uhr vor und kurze Zeit später saß ich gespannt in ihrem Auto, um endlich zu erfahren, was mit Benji geschehen war und wohin man ihn gebracht hatte. Wir verließen die Stadt in eine Richtung, die ich bislang noch nicht gefahren war. »Wissen Sie, Frau Schulze, Benji hat plötzlich eine sehr schwere Lungenentzündung bekommen. Er wurde von unserem Tierarzt behandelt, aber es dauerte, bis es ihm etwas besser ging. Am Ausgehtag hat ihn eine junge Frau, die regelmäßig bei uns mit Hunden geht, ausgeführt und nicht mehr zurückgebracht. Sie hat ihn aus Mitleid mit seinem Zustand ohne Absprache mit mir zu der besagten befreundeten Tierärztin gebracht, bei der er immer noch ist. Diese Tierärztin ist die Leiterin des Tierheimes in Bad Karlshafen, wohin wir jetzt fahren. Ich konnte Ihnen das bislang nicht erzählen, weil es nicht so aussehen soll, dass die Tierheime sich nun untereinander die Hunde zuschieben. Außerdem wusste unser Tierarzt nichts von dieser Aktion und hätte ihr sicherlich ebenfalls nicht zugestimmt. Ich möchte auch schauen, wie es Benji geht und außerdem interessiert mich die Tierheimanlage dort. Die Hunde sollen im Rudel laufen können und große Gehege haben. Vielleicht kann man einige Ideen auch in unserem Tierheim verwirklichen.« Während wir große Waldgebiete durchquerten und ich versuchte, mir diese Strecke einzuprägen, lauschte ich ihren Worten ohne Einwände. Schließlich erreichten wir das Tierheim Bad Karlshafen. Es lag idyllisch an einem Hang unterhalb eines Waldes und man konnte schon die auf Holzpfählen errichteten großzügigen Holzhütten der einzelnen Hundegehege erkennen. Um sie herum war nur Grün, kein Beton, eher wie Zoo-Anlagen. Frau Dubberstein, Leiterin und Tierärztin des Heimes, empfing uns sehr herzlich und führte uns sogleich zu Benji. Er war noch nicht in einem der Außengehege, sondern kurierte seine Lungenentzündung in einem der etwas kleineren Einzel- oder Kleinhunde-Gehege aus, die in einem langen Gebäude untergebracht sind. Dort konnte man ihn besser versorgen und entscheiden, ob er nur im Gebäude bleibt oder, wenn sein Gesundheitszustand es erlaubt, durch die Hundeklappe in das Außengehege durfte. Als sie die Tür öffnete, schoss er uns entgegen und sprang mir vor Freude bis an die Nase. Gott sei Dank! Es ging ihm soweit gut. Ab und zu hustete er noch recht stark, aber Frau Dubberstein meinte, dass er gute Fortschritte mache und die Behandlung bald abgeschlossen werden könne. Dann musste er leider in sein »Zimmer« zurück und wir machten einen Rundgang durch die Tierheimanlage, die erst vor etwa einem halben Jahr nach Umbau wieder eröffnet worden war. Die Gehege waren teilweise noch leer und ich erfuhr, dass sie sich erst in der nächsten Zeit mit Hunden füllen würden, die vom ETN, dem Europäischen Tier- und Naturschutz e.V., der hinter diesem Tierheim steht, aus Projekten in Griechenland, Teneriffa, Tarragona/Spanien und Russland, nach Deutschland geholt würden, um sie hier zu vermitteln. Frau Dubberstein versicherte uns, dass Benji gerne in Bad Karlshafen bleiben könne und mir war sofort klar, dass auch ich das wollte. Es würde zwar eine ziemliche Fahrtstrecke für mich bedeuten, gut hundertzwanzig Kilometer hin und zurück, aber für Benji war es ein Glücksfall, hierher gekommen zu sein. Es war nicht zu vergleichen mit dem anderen Tierheim und wenn er nach draußen durfte, wäre es fast ein Paradies für ihn. So viel Auslauf und Freiheit hatte er mit Sicherheit in seinem Leben noch nicht gehabt und das Beste an allem waren die Ausgeh- bzw. Öffnungszeiten. Man konnte täglich außer Montags das Tierheim besuchen und natürlich auch das ganze Wochenende über.

Ich ahnte schon, wohin das für mich führen würde... Langsam gingen wir zurück zum Ausgang, während die beiden Tierheimleiterinnen sich noch unterhielten. Ich wollte unbedingt noch einmal allein zu Benji und fragte, ob ich noch einmal zu ihm dürfe. Ich durfte und als er mich durch seine Tür kommen sah, war da einfach nur noch Wiedersehensfreude. Als er sich etwas beruhigt hatte, sprach ich mit ihm, dass er schnell gesund werden müsse und ich ihn am nächsten Tag wieder besuchen würde. Er leckte mein Gesicht ab und alles war gut, für uns beide.

Von diesem Tag an waren meine Sorgen um ihn nicht mehr so schlimm. Er war an einem Ort, wo er glücklich sein konnte, wo er von lieben Menschen umgeben war und wo ich ihn zurücklassen konnte, ohne einen dicken Kloß im Hals zu haben. Bis er ein neues Herrchen gefunden hätte, konnte ich ihn besuchen, wann ich wollte. In Gedanken dankte ich der jungen Frau dafür, dass sie getan hatte, was sie getan hatte. Sie wusste schließlich nichts von mir und hatte einfach das Beste für Benji getan und wir hatten uns ja letztendlich wiedergefunden, wenngleich es auch für mich anders hätte ausgehen können, wenn die Tierheimleiterin nicht eingelenkt hätte, wofür ich ihr bis heute sehr dankbar bin. Ich hätte die Tierärztin niemals über Telefonbuch oder Tierärztekammer ausfindig machen können, da sie einerseits keine Praxis betreibt und andererseits das Tierheim Bad Karlshafen sogar im übernächsten Bundesland liegt. Gut vierzehn Wochen nach dem Brand wurde Benji also ein weiteres Mal gerettet, denn ich weiß nicht, ob er noch leben würde, säße er noch isoliert in seiner Kammer des anderen Tierheimes, in der er so unglücklich war. Sein Lebenswille war plötzlich stark wie selten zuvor. Er wollte leben und er wollte glücklich sein und endlich war er an einem Ort, an dem das auch möglich war.

Am nächsten Tag war ich selbstverständlich wieder bei ihm. Seine Lungenentzündung war nicht mehr so schlimm und so konnten wir zu unserem ersten Spaziergang in Bad Karlshafen starten. Max erzählte ich natürlich nichts von Benjis Umzug. Dass ich nun eine halbe Stunde länger und dreißig Kilometer weiter unterwegs war, konnte mich allerdings in Erklärungsnöte bringen, aber das würde ich dann schon hinbekommen.

Benji und ich erkundeten die neue Umgebung und fanden wirklich schöne

Wege. Über eine wildwachsende Wiese konnte man in den höhergelegenen Reinhardswald gelangen und von dort aus zunächst eine Weile parallel an den Tierheimgehegen entlanggehen. Kurz bevor der Weg an einem Rastplatz endet, bogen wir nach links in einen Waldwanderweg, der stetig bergauf führt, bis man den Bergkamm erreicht, von dem aus man einen wunderschönen Blick über die Wälder des gegenüberliegenden Sollings und die weit unten fließende Weser hat. Wir machten eine Pause und genossen den Ausblick und die frische Luft, während Benji nach seinen heißgeliebten Steinchen suchte und dafür sorgte, dass die Leckerli-Tasche zusehends leerer wurde.

Der Wendepunkt unseres Spazierganges hatte treffenderweise einen Namen: Ein mit Engeln bemaltes Schild weist oberhalb der Bank, an der wir rasteten, einen steilen Pfad hinauf, der »Himmelsleiter« heißt. Wir gingen immer nur bis an den Fuß dieses Pfades, denn Benji die Himmelsleiter hinaufzuführen, war es noch zu früh, auch wenn es sich hier nur um ein Schild eines irdischen Weges handelt, das auf einen Pfad zur Kuppe eines Berges hinweist. Denn irgendwie hatte ich ihn ja am Abend des Brandes symbolisch am Fuße der Himmelsleiter, an der er sich zweifellos schon befunden hatte, aufgehalten und zurück ins Leben geführt.

Leben auf Hof Wiesenfeld

Von nun an fuhr ich jeden Freitag und Sonntag zu ihm nach Bad Karlshafen. Zum ersten Mal ging es ihm an einem Ort richtig gut. Er genoss eine Freiheit, die er vielleicht in seinem ganzen bisherigen Leben nicht gehabt hatte. Den ganzen Tag konnte er draußen sein und herumspringen. Er bekam neue menschliche Freunde, Bine, die Tierpflegerin, Katja, die Tierärztin und Klaus, den Hausmeister. Und er wusste bald, dass ich an jedem Wochenende kommen würde und erwartete mich bereits. Erblickte er mich endlich, sprang er so wild umher vor Freude, dass man ihn kaum anleinen konnte. Was für ein Glück, dass er hierher gekommen war. Es gab zwar kein neues Herrchen, aber es war ein neues Zuhause, für welche Zeit auch immer. Wenn ich ihn Sonntagabend zurückließ, war mir nicht zum Heulen zumute, denn ich wusste, dass es ihm dort gut ging und er sich wohl fühlte. Ich hatte auch nicht mehr diese Angst, dass etwas mit ihm geschehen würde, während ich nicht da war. Durch meine Beständigkeit wurde ich zu »Benjis Katja« und man hätte ihn nicht kurzerhand vermittelt, ohne mir vorher Bescheid zu sagen. Dino fuhr jedes Mal mit nach Karlshafen. Er bekam die erste Tour und Benji

Glücklich angekommen in seinem ersten eigenen Gehege.

die zweite. Durch das Auto kannten sich die beiden und Benji wusste genau, dass es mein Auto ist. Es war mir wichtig, dass er versteht, warum ich ihn nicht mit nach Hause nehmen kann, nämlich, weil ich schon einen Hund habe, mit dem er sich nicht verstehen würde. Wenn Dino ihn anbellte, ließ ich sie ruhig einen Moment aneinandergeraten und hoffte dabei, dass die Scheiben standhielten. Klar waren sie eifersüchtig aufeinander. Dino führte sich auf, als ob er sagen wollte: »Pfoten weg! Das ist mein Frauchen!« und Benji bellte zurück: »Schrei hier nicht so rum, mir gehört sie auch!«

Draußen wurde es langsam Frühling und unsere Spaziergänge zur Himmelsleiter wurden immer schöner. Wir entwickelten Rituale, die zum festen Bestandteil wurden und von Benji penibel eingefordert wurden. An einem großen Stein machten wir Pause und es gab Leckerchen. Er konnte sich Dinge unheimlich gut einprägen und wollte es beim nächsten Mal dann wieder genauso haben. Die nächste Pause inklusive Steinchensuchen und -werfen fand an der Himmelsleiter auf einigen gefällten Baumstämmen sitzend statt und hinab ging es immer im Dauerlauf gut tausend Meter zurück bis zum großen Stein, wo ich mich keuchend setzen musste und Benji, als ob er überhaupt keine Anstrengung gehabt hätte, seine Steinchen im Laub ein- und ausbuddelte. Nach etwa vier Wochen stellte ich fest, dass ich richtig fit geworden war. Ich habe noch nie gejoggt, aber mittlerweile hatte ich eine anständige Kondition entwickelt. Das war also Hundesport im eigentlichen Sinn!

Nicht schon wieder...

Es war wieder ein Freitag, als ich Benji Mitte April zum Spaziergang abholen wollte. Die kleine Tochter des Hausmeisters sah mich kommen und rief mir entgegen: »Benji ist nicht da!« Sofort stieg erneut die Angst in mir auf, die ich eigentlich schon abgelegt hatte, doch ich wollte mir vor ihr nichts anmerken lassen und versuchte, meine Frage eher neugierig klingen zu lassen, was mir aber nur mäßig gelang: »Wo ist er denn?« Mit ihrem kindlichen Verständnis von fünf Jahren versuchte sie, mir weiterzugeben, was sie aufgeschnappt hatte: »Sein Magen hat sich umgedreht. Benji ist im Krankenhaus!« Ach nein, das nicht auch noch! Ich wusste sofort, was passiert war. Benji musste eine Magendrehung erlitten haben. Wenn man selbst einen großen Hund hat, ist das eine der Katastrophen, vor denen man immer Angst hat, da sie nicht selten tödlich ausgehen. Bine erzählte mir Näheres. Bei großen und sehr dünnen Hunden, wie Benji, hängt der Magen an seinen Bändern sehr tief und die Gefahr, dass eine Magendrehung eintritt, wächst mit jedem Lebensjahr. Sie ist einfach schicksalhaft und kann durch alles Mögliche auftreten. Eine schnelle Diagnose und Operation entscheidet über Leben und Tod. Doch seine Schutzengel waren mal wieder zur Stelle, um ihm zum dritten Mal in vier Monaten das Leben zu retten und Katja auf ihn aufmerksam werden zu lassen. Er hat nur so dagestanden, in sich gekehrt und gar nichts gemacht. Das ist absolut untypisch für Benji und Katja erkannte sofort, dass etwas nicht mit ihm in Ordnung war. Die Diagnose war eindeutig und sie brachten ihn sofort zur OP in die Tierklinik nach Kassel, denn eine solch schwerwiegende Operation war in Karlshafen nicht möglich. Das alles war am Donnerstag passiert und Katja war nun gerade auf dem Weg, um Benji wieder »nach Hause« zu holen. Wir hatten kaum zu Ende gesprochen, als ich die beiden unten am Tor erblickte. Als Benji mich sah, war er kaum zu halten und sprang schon wieder seine flummihaften Sprünge, als ob nichts gewesen wäre. Dabei hatte er eine gut fünfzehn Zentimeter lange frische Bauchnaht und ich war in Sorge, dass sie bei seinen Freudensprüngen aufgehen könnte. Also brachten wir ihn in seinen Raum und ich blieb noch einige Zeit bei ihm. Der arme Kerl tat mir so schrecklich leid! Er schien das Unglück magisch anzuziehen, um dann in letzter Minute wieder gerettet zu werden. Aber so, wie er auch die Brandwunden von Anfang an überhaupt nicht wahrzunehmen schien, ließ ihn auch der erst gestern operierte Bauch völlig kalt. Am liebsten wäre er sofort mit mir rausgegangen, doch das musste noch ein paar Tage warten. Ich war dankbar und froh, dass mein Freund noch am Leben und unsere gemeinsame Zeit noch nicht zu Ende war. Einige Tage später konnten wir wieder durchstarten und unsere Streifzüge durch den Reinhardswald fortsetzen. Mir wurde klar: Was immer auch passiert – ich werde dabei sein. Unsere Beziehung zueinander war einzigartig geworden. In einem Buch fand ich ein Zitat, welches mir in meinem Handeln Recht gab: »Du bist zeitlebens für das verantwortlich, was du dir vertraut gemacht hast.« Niemand konnte mir das abnehmen.

Benji steht wieder in der Zeitung

Der Anruf meiner Freundin Gudrun erreichte mich am 11. Mai im Büro: »Hast du schon gesehen? Benji steht in der Zeitung!« Ein Schreck durchfuhr mich. »In welcher Zeitung?« »Owezet!« Na Gott sei Dank, die Owezet, eine kostenlose, wöchentlich der Tageszeitung beiliegende regionale Zeitung, wird zwar bis nach Halle, jedoch nicht mehr in die Ortsteile ausgetragen. »Ich faxe es dir rüber und bringe die Zeitung zum nächsten Stammtisch mit.« Ich war Gudrun wirklich dankbar für diese Info. Bisher war ich noch nicht aufgeflogen mit meiner Flunkerei, was den Aufenthaltsort von Benji anging, nun jedoch war ich in ernster Gefahr, denn die meisten unserer Freunde und Bekannten wohnten nun einmal in Halle und konnten Max darauf ansprechen, so von wegen: »Ich wusste ja noch gar nicht, dass er jetzt in Karlshafen ist...« Vielleicht stach es ja nicht so ins Auge. Ich wartete auf das Fax.
Nun, es STACH ins Auge:

Tierschutzhof Bad Karlshafen
Benji
Der Tierschutzhof Bad Karlshafen sucht dringend ein neues Zuhause für »Benji«. Er ist ein ca. 5 Jahre alter Dobermann-Mix-Rüde mit einem großen Herzen für Menschen und Spielzeug. Leider hat Benji große Narben von einem Hausbrand zurückbehalten, aber zum Glück kommt es ja auf die inneren Werte an. Benji möchte ein Einzelhund sein, größere Kinder in der Familie sind kein Problem.
Tierschutzhof Bad Karlshafen, Tel...
(Foto von Benji)

Die folgenden Tage verbrachte ich damit, alle möglichen Leute eindringlich, notfalls bis zur Aufkündigung der Freundschaft, davor zu warnen, Max irgendetwas davon zu erzählen, dass Benji in Bad Karlshafen war. Mit jedem Tag, der verging, wurde die Gefahr, dass er doch noch etwas mitbekommen würde, kleiner und schließlich sprach keiner mehr davon. Das Glück war auf meiner Seite. Mir reichten seine Vorhaltungen, was die Fahrerei zu Benji allgemein anging. Das ganze Gezetere nun noch auf Bad Karlshafen zu erweitern, was mehr als doppelt so weit ist, brauchte ich wirklich nicht. Mir half der Grundsatz: Was er nicht weiß, macht ihn nicht heiß.
Die Woche über war ich ein bisschen unruhig. Ob sich wohl jemand für ihn gemeldet hatte?
Als ich am Freitag endlich im Tierheim ankam, rechnete ich fast damit, dass er nicht mehr da sein könnte und wieder jemand einfach vergessen hatte, mir Bescheid zu sagen. Aber er war noch da und ich freute mich, ihn zu sehen. Es hatte niemand für ihn angerufen. Ich war froh, dass Benji von allem nichts mitbekam und so auch nicht traurig sein konnte, dass ihn niemand haben wollte. Ich wollte ihn und würde ihn immer haben wollen. Meine Liebe war ihm sicher – für alle Zeit.

Eine neue Freundin

Nachdem Benji seit seiner Ankunft in Bad Karlshafen in verschiedenen Gehegen untergebracht war, bekam er nun eines der schönen großen und... er bekam eine Freundin dazu: Maja, eine dunkle Schäferhundmischlingshündin mit kupierter oder durch einen Unfall verlorener Rute. Die beiden verstanden sich von Anfang an und wurden zu einem eingespielten Team, was das Anbellen der Gehegenachbarn betraf. Manchmal, wenn ich mit Dino unterwegs war, konnte ich klar und deutlich aus Hunderten von Metern Entfernung vom Tierheim Benji heraushören, wie er alle mal wieder anblaffte. Er wurde ein bisschen zum Kläffer, was mir Sorgen bereitete, da er mit seiner Lunge meiner Meinung nach vorsichtiger umgehen und sich nicht so verausgaben sollte. Aber Hunde können, was ihre Gesundheit angeht, sehr unvernünftig und uneinsichtig sein. Jedenfalls hatte er seinen Spaß. Er war nicht mehr allein und konnte springen und toben, wie er wollte, was mich wiederum noch beruhigter am Sonntag von ihm wegfahren ließ.

Benji kommt ins Fernsehen

Die Mitteilung von Katja im Vorbeigehen an einem Freitag Ende Mai war kurz und präzise, dennoch dauerte es einige Sekunden, bis ich sie als glaubhaft aufgenommen und begriffen hatte: »Benji kommt Montag ins Fernsehen, »Herrchen gesucht«, 20.15 Uhr!« »Hä??! Wie jetzt?!« Der Bekanntheitsgrad dieses Hundes nahm Ausmaße an, die mir unheimlich wurden. Ich erfuhr, dass sie am Montagvormittag mit einigen Bad Karlshafener Tierheimhunden ins Fernsehstudio nach Kassel fahren würden und dass Benji dabei sein sollte. Ja klar, völlig normale Sache, jetzt sollte er auch noch »Fernsehstar« werden! Die Ausstrahlung der vormittags aufgezeichneten Sendung sollte abends bereits gesendet werden – Mist!, denn ausgerechnet an diesem Abend hatten wir Feuerwehr-Dienst. An besagtem Montag dachte ich den ganzen Tag im Büro an Benji und was er wohl alles erleben würde. Würde er brav sein und sich von der Kamera einfangen lassen oder würde er, wie meistens, einfach nicht stillhalten können und die ganze Zeit herumflippen? Glücklicherweise sind wir Besitzer einer Satelliten-Schüssel, denn nur mit dieser ist es in Niedersachsen möglich, das hessische Programm HR zu empfangen. Ich programmierte den Videorecorder und betete, dass alles gut gehen würde. Um 19.30 Uhr begann unser Feuerwehrdienst und um 20.15 Uhr hielt ich es dort nicht mehr aus. Meine Kameraden übten mal wieder für die bevorstehenden Wettkämpfe und meine Aufgabe bestand lediglich im Zeitnehmen und ansonsten im Rumstehen. »Ich fahre mal kurz zu Max ins Gerätehaus!« meldete ich mich, pfiffig wie ich bin, beim Gruppenleiter ab. Natürlich fuhr ich nicht zum Gerätehaus, sondern auf dem schnellsten Weg nach Hause. Ich habe einfach kein Vertrauen in technische Abläufe, die noch dazu von mir selbst programmiert worden waren, dafür stehe ich viel zu sehr auf dem Kriegsfuß mit so gut wie allen technischen Dingen. Kontrolle war eindeutig besser! Die Sendung lief seit etwa zehn Minuten. Nebenbei bemerkt funktionierte der Videorecorder natürlich einwandfrei und es leuchtete »Aufnahme«. Ich hoffte, Benji noch nicht verpasst zu haben und wartete ungeduldig, während Dino mir auf dem Teppich liegend Gesellschaft leistete. Die Zeit verging und nichts tat sich. Zwei andere hessische Tierheime stellten ihre Tiere ausgiebig vor und als um 10 Minuten vor 21.00 Uhr noch ein Bericht über Pferde folgte, machte sich endgültig Enttäuschung bei mir breit. Vielleicht war irgendetwas dazwischengekommen, der Bericht war nicht fertig geworden oder Carlos, Benjis ebenfalls mitgereister Gehegenachbar, ein Koloss von Hund, hatte kurzerhand im Studio ein Chaos angerichtet. Dann, wenige Minuten vor Ende der Sendung, doch noch eine Tierheim-Vorstellung. Die nächste Kameraeinstellung und im Studio saß... CARLOS! Juhu! Meine Stimmung wechselte von zu Tode betrübt zu himmelhochjauchzend, denn dann musste ER auch noch kommen. Als Benji schließlich als Vorletzter auf dem Bildschirm erschien, rief ich so voller Euphorie laut »BENJIII!!!« in den Raum, dass Dino, aufgescheucht aus seinen Träumen, in den Sessel vor dem Fenster sprang, welcher der Wucht nicht standhielt und gegen die Heizung knallte, hektisch von links nach rechts schaute und schließlich enttäuscht auf die Sitzfläche herabrutschte, weil draußen doch schließlich gar kein Hund vorbeigegangen war und er auch sonst nichts erblicken konnte, was meinen Ausruf erklären konnte. Er tat es augenscheinlich mit dem Gedanken »Frauchen spinnt mal wieder« ab und machte es sich wieder gemütlich. Natürlich währte Benjis Auftritt nicht sehr lange und so saugte ich die Bilder und Worte, die über meinen nun in Großaufnahme auf dem Bildschirm zu sehenden Freund gesprochen wurden, wie ein Schwamm in mir auf:

Der Dialog:
»Schauen wir mal, wen wir da jetzt haben. So, der sieht ja ganz schlimm aus.«

»Ja, Benji ist auch ein ganz armer Hund. Er lebte mit seinem früheren Besitzer im Rotlichtmilieu. Eines Tages brannte das Haus. Sie konnten gerettet werden – beide – Benji hatte ganz fürchterliche Verletzungen.«

»Ja, man sieht das ja hier, die ganze Seite...«

»Es war noch viel schrecklicher, noch viel viel schlimmer. Es ist alles verbrannt gewesen.«

»Gott, und der arme Kerl hat überlebt...«

»Sie haben beide überlebt, aber das Herrchen hat nie wieder nach ihm gefragt. Er kriegte dann auch noch eine ganz schlimme Lungenentzündung und eine Magendrehung. Wir sagen immer, er hat mehrere Leben. Er hat alles überstanden.«

»Ja, das heißt: Ich will leben!«

»Ja!«
»Bitte nehmt mich!«

»Genau!«

»Wir suchen jetzt natürlich jemanden, der sich auch mit diesen leicht nervösen Hunden gut auskennt.«

»Er ist sechs Jahre alt und total verspielt. Er liebt Bällchen und Stöckchen, das ist sein Schönstes. Er kann auch zu Mädchen, das ist auch kein Problem, und er versteht sich mit Katzen – wunderbar!«

Entgegen meiner Bedenken, ob er sich kameratauglich verhalten würde, stand er wirklich sekundenlang vollkommen still, so dass die Kamera sogar sein Gesicht heranzoomen konnte. Er fixierte dabei natürlich nur »seine Tierheimleute«, die er irgendwo hinter den Kameras entdeckt hatte, aber es wirkte auf mich sehr anmutig und ich war in diesem Moment sehr stolz auf ihn. Er hatte natürlich keine Ahnung davon, dass ihn gerade Tausende von Menschen sehen würden, dass es überhaupt ein menschliches Medium Fernsehen gibt, in dem er vorkommen könnte und über welches nun ein neues Herrchen für ihn gesucht wurde. Für ihn war es einfach ein außergewöhnlicher Tag mit einer langen Autofahrt zu einem großen Gebäude, das er nicht kannte, mit Leuten, die er zwar noch nie gesehen hatte, aber sehr freundlich zu ihm waren. Einfach eine willkommene Abwechslung vom Tierheimalltag. Gut gemacht, Benji!

Nachdem der Bericht gelaufen war, kehrte ich zeitgleich mit meinen inzwischen vom Übungsdienst durchgeschwitzten Kameraden zum Gerätehaus zurück, als ob ich die ganze Zeit brav mitgemacht hatte. Max nahm an, dass ich mitgeübt hatte und der Rest nahm an, dass ich bei meinem Mann im Gerätehaus gewesen war. Niemand hätte etwas von meinem Fehlen gemerkt, wenn nicht mein lieber Kamerad Arne eine falsche Bemerkung von sich gegeben hätte, aus der Max den richtigen Schluss zog, dass ich sonstwo war, aber nicht am Übungsplatz. Arne wusste überhaupt nicht, worum es ging und verstand meinen finsteren Blick, der ihn traf, überhaupt nicht. Letztendlich konnte Max sich denken, wo ich gewesen war und da jegliches über Benji ihn nicht interessierte, wollte er darüber hinaus auch nichts von dem Fernsehbericht sehen oder wissen.

Bekommt Benji ein neues Herrchen?

Es war Ende Mai. Benji und ich kamen gerade von unserem Spaziergang zurück, als Sabine fast beiläufig verkündete, dass sich auf den Fernsehbericht hin jemand gemeldet hatte, der Benji zu sich nehmen wollte. Der Moment war also gekommen. Ich schluckte. »Wie? Wer? Wann?« Mein Lächeln muss ein wenig gequält gewirkt haben. »Na, es wird doch Zeit, dass Benji ein neues Herrchen bekommt. Ist doch toll, oder?« Ja, schon, aber... »War das jetzt das letzte Mal, dass Benji und ich zusammen ausgegangen sind?« »Sie kommen morgen Nachmittag...« »O.k., dann werde ich ganz früh da sein, damit wir noch einmal ausgehen können, ja?« Irgendwie war mir auf einmal ganz schlecht. Ich wusste, dass früher oder später dieser Tag kommen würde, aber er traf mit gänzlich unvorbereitet, ich hatte einfach noch nicht damit gerechnet. Was sind das für Leute, werden sie ihn so nehmen, wie er ist, und werde ich ihn besuchen dürfen? Fragen über Fragen gingen mir durch den Kopf, während ich mit Dino nach Hause fuhr. Ich musste etwas schreiben, einen Brief für das neue Herrchen, in dem ich erkläre, wer ich bin und was Benji alles durchmachen musste. Sie sollten alles wissen und dann überlegen können, ob sie ihn wirklich wollen. Ich saß stundenlang am Computer, um die richtigen Worte zu finden. Das flaue Gefühl im Magen blieb und am nächsten Morgen wachte ich auch wieder damit auf. Heute würde unser letzter vertrauter Tag im Tierheim sein. Wieder wäre ein Abschnitt beendet, den es so nicht wieder geben würde. Ich war pünktlich dort und fand die anderen bei den Überresten eines gemeinsamen Frühstücks im Büro. Ich reichte Sabine den Brief mit der Bitte, ihn den Leuten zu geben. »Darf ich ihn lesen?« »Ja, klar.« Es standen schließlich keine Geheimnisse darin. Sabine las ihn komplett laut vor. Es war mir ein bisschen peinlich, aber alle fanden gut, was ich da zu Papier gebracht hatte und waren ein wenig gerührt:

»An Benjis neues Herrchen!

Mein Name ist Katja Schulze.
Ich bin Benjis Feuerwehrfrau.
Am 4. Januar 2004 habe ich ihn aus einem lichterloh brennenden Haus in Halle, Kreis Holzminden, von meinen Feuerwehrkameraden in Empfang genommen. Seither habe ich ihn begleitet. Er war fünf Wochen in einer Tier-

klinik, wurde danach zweimal leider erfolglos vermittelt, kam ins Tierheim, wurde dort sehr krank (Lungenentzündung) und kam schließlich Mitte März ins Tierheim nach Bad Karlshafen. Dort erlitt er dann auch noch eine Magendrehung, die aber glücklicherweise sofort erkannt wurde und er in Kassel notoperiert werden konnte.

Benji liegt mir sehr am Herzen. Ich hätte ihn so gern selbst genommen, aber ich habe bereits einen Rottweiler und beide würden sich nicht vertragen. Aber er ist mein spezieller Freund geworden, für den ich alles nur Erdenkliche tun würde, damit es ihm gut geht. An jedem Wochenende bin ich zweimal 120 km gefahren, um mit ihm ausgehen zu können. Im Monat waren es gut 1.000 km nur für Benji. Ich habe ihn in dieser Zeit gut kennen lernen können und möchte einiges davon an Sie weitergeben:

Er liebt natürlich Spaziergänge und würde bestimmt auch gut am Fahrrad laufen. Unterwegs muss er immer irgendetwas in der »Schnute« haben, gern einen Ball oder er sucht sich selbst ein Steinchen. Er liebt Steinchen über alles. Man darf alles mit ihm machen, wenn er ein Spielzeug im Mund hat. Er würde nie zuschnappen. Wenn man eine Pause macht, schiebt er das Steinchen mit der Nase rüber und man soll es dann wegwerfen (Vorsicht, er ist rasend schnell). Dieses Spiel kann er immer und immer wieder spielen. Bitte lassen Sie ihn nicht ohne Leine laufen. Es kann zwar sein, dass er ganz gut hört, aber urplötzlich vergisst er auch alles wieder und gerät ins Laufen, weil er irgendetwas gesehen hat oder einfach mal wieder machen möchte, was er will. In einer der genannten Vermittlungsstellen ist er auf diese Weise weggelaufen und man kann von Glück sagen, dass er nicht von einem Auto angefahren wurde. Auch ist er im Wald unberechenbar, wenn er zum Beispiel ein Reh sieht. Dann prescht er förmlich los und will hinterherlaufen. Ich habe gute Erfahrungen mit einer Flexi-Laufleine gemacht. An dieser hat er eine große Bewegungsfreiheit und zieht absolut nicht. Ich habe eine Flexi long, 8 m, mit einer Gewichtszulassung bis 50 kg verwendet. Für ein Leckerli (z. B. Schmackos) macht Benji alles, sogar Sitz und Platz. Überhaupt ist er kein Kostverächter und frisst für sein Leben gern.

Ich habe erst heute (28.5.) erfahren, dass Benji vielleicht vermittelt werden wird. Einerseits freue ich mich für ihn, dass er doch noch einen eigenen Menschen bekommt, andererseits sorge ich mich, weil ich nicht weiß, ob er es wirklich gut haben wird oder ob er nicht im Tierheim glücklicher wäre. Man muss sagen, dass er in einem ganz tollen Tierheim ist. Er hat zurzeit ein eigenes Gehege zusammen mit Maja, einer Schäfer-Mix-Hündin. Er ist den ganzen Tag draußen und tobt mit seinen Nachbarn den Zaun rauf und runter. Er musste in diesem Jahr schon acht Mal in eine neue/fremde Umgebung. Er hängt sehr schnell an Personen und Orten, wo es ihm gut erging und weint regelrecht, wenn er von dort weggebracht wird. Sollten Sie irgendwelche Probleme mit ihm haben, wäre ich sehr dankbar, wenn Sie mich jederzeit anrufen würden. Ich habe keine Rechte an Benji, aber ich wäre Ihnen sehr dankbar, wenn ich schauen dürfte, wo Benji von nun an leben wird. Ich würde ihm gern auf irgendeine mögliche Weise erhalten bleiben, denn bislang kamen und gingen die Menschen in seinem Leben und ich war seit seinem Brand-Unglück die Einzige, die an jeder seiner Stationen für ihn da gewesen ist. Ich bin nicht seine absolute Bezugsperson, deshalb müssen Sie keine Angst haben, dass er mit mir mit möchte oder mir hinterher weint. Er freut sich sehr, wenn er mich sieht, aber wenn sein Lebensumfeld für ihn o.k. ist, wie in Bad Karlshafen, widmet er sich auch schnell wieder seinen Vorlieben. Ich möchte gern, dass er weiß, dass ich weiß, wo er ist und dass es so in Ordnung ist. Man weiß nicht, was in einem Hundekopf so alles vorgehen kann und wie viel sie doch verstehen und auf ihre Weise nachdenken. Ich möchte nicht, dass er von mir »denkt«, dass ich ihn willentlich plötzlich nicht mehr besuche. Ich bin immer zu ihm gekommen, egal, wo er war und habe ihm so ein wenig Beständigkeit vermitteln können. Vielleicht gestatten Sie mir, Benji ab und an zu besuchen, wie einen guten Freund, bei dem man vorbeischaut und sich mal wieder blicken lässt. Ich hoffe, dass Sie verstehen können, dass ich ihn nicht einfach aus meinem Kopf und meinem Herzen löschen und sich selbst überlassen kann. Ich fühle mich immer noch verantwortlich für ihn, weil ich es war, die ihm versprochen hat, dass alles gut für ihn werden würde. Aus diesem Versprechen habe ich mich noch nicht entlassen. Ich kann Sie nur von ganzem Herzen bitten, dass Sie sich mit mir in Verbindung setzen, wenn Sie Benji zu sich genommen haben. Ich werde Sie wohl nicht anrufen können, weil ich eben keine Rechte mehr an Benji habe und das Tierheim auch nur höflich anfragen kann, ob Sie den Kontakt wünschen oder nicht. Für Benji bitte ich, mich anzurufen und meine Sorgen um ihn zu beenden. Vielen herzlichen Dank!!! Meine Telefonnummern lauten...«

Plötzlich klingelte das Telefon. Ich hörte Sigrid sagen: »Ja, Sie können in der Stadt einen Kaffee trinken. Wir freuen uns dann auf Sie.« Es waren Benjis Leute! Sie waren schon hier und wollten nur noch einen Kaffee trinken! Wie viel Zeit blieb mir noch?! Sabine merkte, dass ich unruhig wurde und zu Benji wollte. Sie wusste, was in mir vorging und klopfte mir aufmunternd auf die Schulter. »Das wird schon.« Wir holten schnell Benji und dann begann unser letzter gemeinsamer Spaziergang. Sabine sollte mich über Handy anrufen, wenn die Leute am Tierheim sind, dann würden wir sofort zurückkommen.

Benji und ich gingen hoch zum Wald und setzten uns auf die Wiese. Er schob mir ein Steinchen rüber und wollte seine Rituale durchspielen. Ich sprach mit ihm, dass gleich jemand kommen würde, der sich ihn ansehen wollte. Er sollte ganz brav sein und sich von seiner besten Seite zeigen. Benji verstand überhaupt nichts und schaute mich fragend an. Mein Magen schien langsam zur Seite zu kippen. Erlitt ich gerade eine Magendrehung? Mein Benji! Jemand würde gleich MEINEN Benji mitnehmen! Meinen Engel! Aber dann hätte er endlich wieder ein eigenes Herrchen oder Frauchen, nach dem er sich doch so sehnte. Ich wusste jedoch auch, dass er sich die Seele aus dem Leib heulen würde, wenn das Auto mit ihm wegführe. Er will doch immer dort bleiben, wo es ihm gut geht und die Menschen freundlich zu ihm sind, ob in der Tierklinik, bei den Leuten, wo er ein Wochenende vermittelt war oder halt jetzt im Tierheim. Als er aus der Klinik in Kassel nach der Operation der Magendrehung am nächsten Tag von Katja abgeholt wurde und »sein« Tierheim wiedererkannte, ist er fast ausgeflippt vor Freude.
Meine Augen füllten sich mit Tränen. Man kann es ihm einfach nicht begreiflich erklären und ich kann ihm sein Leid nicht abnehmen. Es sind seine Erfahrungen und seine Schmerzen in einer Welt, in der Menschen Entscheidungen über sein Leben fällen...und meine Schmerzen... Er verstand die Worte nicht, die ich an ihn richtete, aber ich sagte sie ihm trotzdem, während ich ihn mit Küssen und Streicheln überhäufte. Dann klingelte das Telefon. »Es ist soweit, Benji.« Wir konnten unseren gewohnten Spaziergang durch den Wald nicht mehr beenden und mussten umkehren. Ich konnte den Weg gar nicht mehr klar vor mir erkennen und bemühte mich, nicht mit einem verheulten Gesicht zurückzukommen. Mein Taschentuch hatte gar keine trockene Stelle mehr... Die Leute standen auf dem Hof und unterhielten sich mit Sigrid. Ich musste mich jetzt wirklich zusammenreißen und einen guten Eindruck machen, damit sie mir gestatteten, weiterhin Kontakt zu Benji zu halten. Es waren wirklich nette Leute, ein etwas älteres Ehepaar. Der Mann machte täglich ausgedehnte Waldspaziergänge und suchte hierfür einen Begleiter. Das wäre ja wirklich was für Benji. Das Gespräch verlief gut und meine Ängste legten sich allmählich. Dann fiel das folgenschwere Wort: KATZEN! »Moment, Moment! Sie haben Katzen? Wo? In der Wohnung?! Das können Sie vergessen!« Es stellte sich heraus, dass sich die Leute auf die Aussage der Frau verlassen hatten, die Benji im Fernsehen vorgestellt hatte. (»Ach ja, und Benji verträgt sich super mit Katzen.«) Es kam, wie es kommen musste: Die Leute fragten nicht mehr nach und auch vom Tierheim aus dachte keiner mehr an die »Falschaussage« und fragte, ob Katzen vorhanden seien. Jetzt tat es mir ziemlich leid, denn DAS wären wirklich gute neue Herrchen für Benji

gewesen und ich überlegte hin und her, ob man nicht irgendetwas machen konnte. Aber es hatte keinen Sinn. Die Katzen lebten in der Wohnung und eine war schon sehr betagt und hätte wahrscheinlich einen Herzschlag bekommen, wenn Benji sich auf sie gestürzt hätte. Das wollte ich natürlich auch nicht.
»Sie können sich gerne umsehen, ob Sie einen anderen Hund finden, der zu Ihnen passt« hörte ich Sigrid sagen. Einerseits war ich traurig, dass Benjis Chance auf ein eigenes Zuhause vertan war, andererseits war ich glücklich, ihn noch eine Weile »behalten« zu dürfen. »Wir gehen dann nochmal!« rief ich Sigrid zu.
Und weg waren wir. Hoch zur Wiese, in den Wald, bis zur Himmelsleiter und wieder zurück, sogar noch ein bisschen weiter als sonst. Unsere gemeinsame Zeit war noch nicht zu Ende. Sicher kommt der Tag, an dem er tatsächlich mitgenommen werden wird, aber nicht jetzt und nicht heute. Benjis Schicksal hatte etwas anderes mit ihm vor. Es sollte noch nicht sein, sonst hätte die Vermittlung geklappt. Ich sagte später zu Sabine, dass ich wahrscheinlich bald zu den herzinfarktgefährdeten Risikogruppen gehöre, wenn ich so etwas noch ein paar Mal miterleben müsse...

Gut, dass immer ein Tierarzt in der Nähe ist...

Eines Tages, Benji und ich waren gerade auf unserem Weg durch den Wald, bemerkte ich kleine Blutstropfen an seinem Fell im Bereich des Halses. Ich suchte nach der Ursache, fand aber keine Verletzung. Ich vermutete daher, dass es von Maja stammen könnte, vielleicht hatten sie ein bisschen zu übermütig herumgetollt. Ich maß dem nicht allzuviel Bedeutung bei, schließlich gingen die Beiden oft nicht gerade zärtlich miteinander um. Einige Zeit später kraulte ich ihn am Kopf und stellte erschrocken fest, dass meine Hände blutverschmiert waren! Wo kam das bloß her?! Nun machte ich mir doch Sorgen. »Benji, was hast du denn gemacht?« Dass Hunde aber auch nichts sagen können... Etwa fünf Minuten lang fuhr ich mit den Händen durch jeden Zentimeter seines Fells, um die Ursache herauszufinden. Ich wollte schon aufgeben, als ich eine Verdickung an der Spitze seines linken Ohres fühlte. Und dann sah ich, warum es manchmal blutete und dann wieder eine Zeit lang nicht. Er schüttelte seinen Kopf. Offenbar hatte er Milben im Inneren des Ohres, die ihn peinigten und einen unglaublichen Juckreiz verursachten. Durch das Herumschleudern der Ohren öffnete sich jedesmal eine relativ kleine Wunde und da Hundeohren einfach sehr stark durchblutet sind, schoss das Blut regelrecht heraus und wurde auf den Waldboden und die gesamte Kragenpartie um seinen Hals verteilt. Hielt er das Ohr eine Weile still, schloss sich auch die Wunde zusehends, allerdings nur bis zum nächsten Schütteln. Zurück am Tierheim berichtete ich Katja von meinen Beobachtungen, allerdings nur vom Bluten des Ohres, wenn er sich schüttelt und nicht, dass er Milben haben könnte. Sie antwortete, dass das nicht schlimm sei und man Hundeohren schlecht verbinden kann. Die Woche darauf wollte ich ihn gerade aus seinem Gehege holen, als er sich plötzlich wieder schüttelte und sofort Massen von Blut aus seinem Ohr tropften. Es musste noch schlimmer geworden sein. Nun war mir das Ganze doch zu viel und ich wollte ihn zu Katja bringen, damit sie sich ihn ansah. Vom Gehege aus mussten wir zunächst durch einen langen Gebäudeflur gehen, um zum Ausgang zu gelangen. Wir waren kaum im Flur, als Benji sich erneut heftig schüttelte, obwohl ich ihn ganz dicht bei mir hielt. Die weiße Wand des Flures sah aus, als hätte man einen Malerpinsel mit roter Farbe daran ausgeschlagen. Ich begann nun lautstark nach Katja zu rufen, die auch sofort herbeieilte. Benji wusste überhaupt nicht, warum auf einmal so ein Aufheben um ihn gemacht wurde. Er hatte offenbar überhaupt keine Schmerzen und wollte jetzt einfach seinen Spaziergang machen. Wir dirigierten ihn nach draußen, ohne dass noch einmal der Flur von ihm in Mitleidenschaft gezogen wurde. Dort angekommen übernahm ihn Sabine. Sie stand minutenlang mit ihm so da und hielt sein Ohr, aus dem es nur noch herausblutete. Ihre ganze Hand war inzwischen voll damit und langsam sickerte es durch die Finger auf den Boden. Er konnte einem einfach nur leid tun, obwohl er sich weiterhin nicht im Klaren war, warum wir da so mit ihm rumstehen. Typisch Benji! Wem sonst sollte so etwas auch passieren, wenn nicht ihm. Er war zum Vorreiter für alles Pech und Übel geworden, das einem Hund widerfahren konnte. Katja holte in der Zwischenzeit Verbandszeug. Sie legte eine Kompresse um die Ohrspitze und wickelte eine Mullbinde so lange um das Ohr, bis es im 90-Grad-Winkel vom Kopf abstand und beim Gehen lustig auf und ab wackelte. Schließlich wurde noch alles mit Pflaster-Klebeband versehen und dann konnten wir endlich zu unserem Spaziergang starten. Zunächst wollte ich in der Nähe des Tierheims bleiben, falls es doch nicht halten würde, aber die ersten tausend Meter geschah nichts und ich beschloss, ihm zuliebe seinen gewohnten Weg zu gehen. Alles andere hätte er sowieso nicht verstanden. Es kam natürlich, wie es kommen musste: Wir waren kaum im Wald, als Benji sich plötzlich so stark schüttelte, dass sein toller Verband im hohen Bogen wegflog. »Super, Katja« dachte ich. Es war wieder typisch. Kaum waren wir außer Reichweite, hatten wir dasselbe in grün. Mit einer Hand hielt ich ihn dicht bei mir, mit der anderen versuchte ich, den Verband dahingehend zu überprüfen, ob man ihn ein zweites Mal sinnvoll am Ohr anbringen könnte. Benji schüttelte sich erneut und ich schaute gegen einen Blutstropfen, der langsam an meiner Brille herunterlief. Ich sah an mir herunter. Ich musste wie jemand ausgesehen haben, der gerade einen Zweikampf auf Leben und Tod hinter sich hatte und knapp gewonnen hat. Überall waren Blutspritzer kleinerer und größerer Art und ich konnte nur ahnen, wie mein Gesicht aussehen musste. Aber das waren Nebensächlichkeiten. Was sollte ich nur tun? Der Verband erwies sich als unbrauchbar. Ich sah erneut an mir herunter. Hatte ich etwas dabei, was als Ohrverband dienen konnte? Ich hatte einmal gelesen, dass man sozusagen als erste Hilfe einen Strumpf als Ohrverband verwenden könnte. Nicht dass ich den Strumpf nicht dafür hergegeben hätte, aber das Exemplar, das ich trug, hätte ihn wahrscheinlich eher stranguliert. »Also weiter, was haben wir denn noch?« Aus meiner Weste zog ich eine Baseballcap. Mir war inzwischen klar, dass man einfach nur dieses eine Ohr irgendwie an seinem Kopf »anbringen« musste, damit es nicht mehr »mitschleudern« konnte. Kurze Zeit später hörte es dann auch immer auf zu bluten. Die Baseballcap wäre gut gewesen, wenn ich noch einen Schal oder ähnlich dabei gehabt hätte, aber es war inzwischen Mai und so hatte ich nichts, womit ich die Mütze irgendwie befestigen konnte. Dann fielen mir meine Haarbänder ein, mit denen ich meine etwa einen Meter langen Haare zu bändigen pflege. Es war einen Versuch wert, schließlich erschöpfte sich nun auch langsam das aus Kleidungsstücken bestehende provisorische Verbandsmaterial, das ich am Körper trug. Die Haarbänder waren klasse. Ich hatte sie erst vor kurzem gekauft und somit waren sie noch schön fest, gerade fest genug, um das Ohr eines Dobermannes an Kopf zu fixieren und einen begonnenen Waldspaziergang zu Ende zu gehen. Einige Male musste ich sie zurechtzupfen, aber wir gelangten später zum Tierheim zurück, ohne weitere »größere Blutverluste« zu erleiden. »Was habt ihr denn gemacht?« Just in dem Moment, als ich stolz meine Konstruktion der neugierig ob unserer Wiederkehr uns entgegenkommenden Katja präsentieren wollte, schüttelte sich Benji erneut und die Bänder verrutschten so ungünstig, dass alles von vorne begann. »Aber den Weg über hat es ganz toll gehalten«, lobte ich nun nur noch alleine mein »Werk« und Katja, die einen Blick auf mich warf und daraufhin nur »Du siehst ja lecker aus« meinte, zog nun Benji in das Behandlungszimmer, wo er schließlich einen Ganzkopfverband erhielt, der allen Bewegungsmöglichkeiten ein Ende bereitete. Ich sah ihn nur noch einmal kurz, als er aus dem Raum in sein Gehege gebracht wurde (ein bisschen von einem Seehund hatte er ja schon) und da er damit wahrscheinlich sowieso nichts mehr hören konnte, ließ ich ihn ziehen, ohne mich an diesem Tag von ihm zu verabschieden. Ich hatte ja auch noch ganz andere Probleme und fragte Sabine, wie ich aussehen würde und ob ich so noch in den Supermarkt gehen könne, aus dem ich noch einige Dinge für das Abendessen brauchte. Verständlicherweise wollte ich nicht Gefahr laufen, unter dringendem Tatverdacht, jemanden umgebracht zu haben, festgenommen zu werden. Sie brachte mich zu einem Waschbecken, allerdings ohne Spiegel. Die kleine Tochter des Hausmeisters erwies sich als große Hilfe, mit einem nassen Tuch mein Gesicht einigermaßen wieder hinzubekommen, indem sie immer mit dem Finger zunächst auf ihr Gesicht zeigte und ich so bei mir die richtigen Stellen fand, um nach und nach wieder zu einem normalen Aussehen zu gelangen. Trotzdem fand ich abends vor dem Badezimmerspiegel immer noch Spuren von Benjis Blut in meinen Augenbrauen und meinen Haaren. Benji, oh Benji, was hältst du eigentlich noch alles für mich bereit?

Tag der offenen Tür

»Sehen wir dich auch am achtzehnten?« rief mir Sigrid zu, als ich nach einer Benji-Tour den Heimweg antreten wollte. »Am achtzehnten?« »Ja, wir machen einen Tag der offenen Tür!« Sie ging ins Büro und holte mir einen Handzettel, auf dem alles Weitere zu lesen war: »Tag der offenen Tür im Tierheim Bad Karlshafen, Sonntag, 18. Juli 2004, 14.00 bis 20.00 Uhr, Essen & Trinken, Hüpfburg, Tombola, Flohmarkt und vieles andere mehr, Sie und Ihre Vierbeiner sind herzlich willkommen!«

Natürlich war ich dabei. An besagtem Wochenende fuhr ich also dreimal nach Bad Karlshafen: am Freitag und Samstag zum Ausgehen und am Sonntag zum Anwesendsein, denn an diesem Tag war kein Hundeausgang möglich, weil alles zu unübersichtlich gewesen wäre. Ich machte mir ein bisschen Sorgen, ob Benji verstehen würde, warum ich zwar da war, wir aber nicht ausgingen. Ich stellte fest, dass man Hunde manchmal einfach unterschätzt, denn nach meiner Ankunft erkannte ich sofort, dass Benji sehr wohl wusste, dass heute irgendwie alles anders war und wunderte sich augenscheinlich überhaupt nicht darüber, dass ich nicht zu ihm ins Gehege kam, sondern am Zaun blieb. Er freute sich natürlich überschwänglich, mich zu sehen und ich kam mit den umstehenden Besuchern ins Gespräch, denen ich erklären musste, was es mit Benji auf sich hat und warum eine Feuerwehrfrau dreimal am Wochenende hundertzwanzig Kilometer zu diesem Hund fährt. Ich wunderte mich, wo Maja war, und fragte Sabine: »Maja hat sich in die Hütte verzogen, ihr ist das Ganze wohl zu viel.« Tatsächlich lag Maja in der Hütte und ließ sich den ganzen Tag über nicht ein einziges Mal blicken. Und auch Benji wirkte nach einer Weile ziemlich überfordert. Ich beobachtete ihn manchmal aus einiger Entfernung, wie er die Leute ansah. Sein Kopf ging hin und her zwischen den vielen Menschen. Suchte er vielleicht jemanden? Meinte er, das Gesicht seines alten Herrchens in den Gesichtern wiederzuentdecken? Der Gedanke tat mir weh. Ich ging wieder zu ihm, um ihm zu zeigen, dass ich da war und ihn verstand. Er brachte mir seine Steinchen ganz dicht an den Zaun, damit wir ein bisschen spielen konnten. Ich vermittelte ihm, dass er sich keine Sorgen zu machen brauchte und steckte ihm einige Leckerli zu, die er gierig, wie immer, verschlang. Währenddessen bekam ich einige Gespräche und Bemerkungen der Leute mit. Viele waren wirklich lieb und hätten potenzielle neue Herrchen für Benji sein können, aber einige waren auch einfach dumm und ich war froh, dass Benji nicht wörtlich verstand, was sie sagten. Es tat mir weh, wie sie über ihn sprachen, den Dobermann, den Kampfhund, wäre DER nicht was?, ach nein, lieber einen Pitbull... Ich dachte »geht bloß weiter« oder »Benji, geh' ganz schnell in deine Hütte und lass dich eine Weile nicht blicken...« Aber er wusste überhaupt nicht, worum es ging und schob mir mit nicht endender Ausdauer seine Steinchen zu. Es war schon ein gefühlsmäßig harter Tag für mich. Ich »musste« die meiste Zeit an seinem Gehege verweilen, damit ich mitbekam, wer und aus welchem Grund sich für ihn interessieren mochte. So war ich gegen Abend ziemlich heiser vom Erzählen Benjis und meiner Geschichte und am Ende doch relativ beruhigt, dass keine benjiunwürdigen Leute sich ernsthaft für ihn interessierten. Leider waren allerdings auch nur infragekommende Menschen dabei gewesen, die zwar würdig, aber nicht auf der Suche nach einem Hund waren. Man hatte sich sein Schicksal angehört, ihn bedauert und war weitergegangen. Zweimal mussten alle Besucher einschließlich mir vor einem gewaltigen Unwetter mit Blitz und Hagel Schutz unter dem überdachten Teil der Hausanlage suchen. Für diese Zeit hatten die Hunde eine Verschnaufpause vor den unzähligen Händen, die durch die Gitter nach ihnen griffen und einmal glaubte ich, sogar Maja ihre Hütte verlassen zu sehen, um von der durch den Regen aufgeklarten Luft ein paar Züge einzuatmen. Benji konnte mich von einer Ecke seines Geheges aus sehen und fiepte daraufhin kläglich leise vor sich hin und presste seine Nase durch die Stäbe. Auf diese Weise bricht er mir immer und immer wieder von neuem das Herz und ich würde ihn am liebsten ins Auto laden und mit ihm nach Hause fahren. Wenn Rottweiler- und Dobermannrüden sich doch nur verstehen würden... Vielleicht tun es manche, aber diese zwei Exemplare jedenfalls nicht.

Lord

Während des Gewitters hörte ich eine Frau zu ihrem Mann sagen: »Hast du das Monster dort hinten gesehen?« Sie schickte ihren Mann um die Ecke, um das vermeintliche Monster anzuschauen. Ich kochte schon innerlich ob dieser unangemessenen Wortwahl und sprach sie an: »Welches M-o-n-s-t-e-r meinen Sie?« »Na, den komischen Grauen da hinten!« »Das ist doch kein Monster!«, entrüstete ich mich. »Das ist ein reinrassiger italienischer Mastino Napoletano und noch dazu ein ganz armer Kerl, der vor kurzem aus Kiew in der Ukraine hierher gekommen ist«, klärte ich sie auf, worauf sie ihre Bemerkung offensichtlich bereute. Wenn es noch einen Hund gibt, den ich nach Benji sofort aufnehmen würde, dann wäre das »Lord«. Ich sah ihn vor etwa vier Wochen zum ersten Mal in einem der Einzelgehege. Mich faszinieren die molossoiden Rassen schon seit jeher, fließt schließlich sogar in Dino noch etwas Molosserblut, aber bislang bin ich noch keinem Exemplar außer auf der Hundemesse in Hannover begegnet. Man sieht sie immer seltener, seit die Rasselisten in einigen Bundesländern noch unschuldige Hunde vernünftiger Tierhalter verunglimpfen und uns auf der letzten Ausstellung schließlich eine einzig angetroffene Halterin einer liebenswürdigen, klein geratenen Mastino-Hündin verlautete, dass die meisten Mastinos inzwischen tot seien, eingeschläfert aufgrund der bestehenden Verordnungen. In einem Museum in Süddeutschland fände man bereits einen ausgestopften Mastino! Dabei waren gerade diese Hunde immer die besterzogenen gewesen, lieb und unendlich geduldig des Geschehens und Trubels um sie herum. Eine absolute Gelassenheit ungeachtet des Potenzials, das zweifellos in ihnen ruht. Sicherlich ist auch Lord ein beeindruckender Kerl, groß mit samtig-grauem Fell, unglaublichen Massen an überschüssiger Haut an Lefzen und Hals und nur einem Auge, aber auf mich wirkt er eher wie ein verwunschenes Wesen aus Zeiten, als missgebildete Menschen und Tiere auf Jahrmärkten als Sensation vorgeführt wurden. Ich denke, dass er sich genauso fühlt. Die meisten Menschen bleiben vor ihm stehen, nehmen ihre Kinder an die Seite und bläuen ihnen ein, auf gar keinen Fall näher als bis auf dreißig Zentimeter an seinem Gehege vorbeizugehen, als ob er ausbrechen könnte wie ein Gorilla, der im Zoo mit seinem ganzen Gewicht gegen die Panzerglasscheibe springt und man in Sorge ist, ob sie standhalten wird. Dabei weiß Lord nichts von seinem Aussehen, weiß nichts von Schönheit außer der, die von innen kommt und versteht nicht, warum die Menschen jedes Mal vor ihm zurückweichen, obwohl sie ihn nicht kennen und er noch gar nichts gemacht hat, außer dort

zu stehen und sie anzusehen. Er muss aufgegeben haben, sie freundlich zu begrüßen und ist dazu übergegangen, jeden, der ihn anstarrt, aus einigen Metern Entfernung anzubellen. Es ist eine absolute Show von ihm, pure Unsicherheit: »Was willst du? Warum starrst du mich so an? Sieh zu, dass du weiterkommst«. Bei 95 % der Leute wirkt das. Bei mir nicht. Natürlich hatte er auch mich zunächst angebellt und dabei geschaut, wie ich reagierte. Erst durch das Fenster des Einzelgeheges, in dem er zunächst untergebracht worden war, später durch die Stäbe draußen, als er in das gegenüberliegende Gehege von Benji umzog. Ich kenne das von Dino. Rottweiler haben die Eigenart, bei allem und nichts zu grollen und ich meine wirklich zu GROLLEN. Es ist ein Knurren und Zähnefletschen bei weit geöffnetem Maul und es scheint, dass sie im nächsten Moment ihr Gegenüber in zehn mal zehn Zentimeter gleichgroße Stücke zerlegen werden. Es ist einfach gesagt, dass man sich davon überhaupt nicht beeindruckt zeigen darf. Lords Repertoire beschränkt sich auf ein Bellen, das ich in einer solchen Tiefe noch nicht gehört hatte: Ho Ho Ho... Ho Ho Ho!!!
Ich ging in die Hocke, um mich kleiner zu machen. Natürlich war ich nur mutig angesichts der Tatsache, dass immer noch ein stabiles Gehegegitter zwischen uns war – nur für den Notfall, dass ich mich getäuscht hatte... Aber ich sollte Recht behalten. Durch Dino kannte ich sozusagen die Molossersprache: Erst Mal einschüchtern und dann schauen, wer nicht weggelaufen ist. Mit denen könnte man was anfangen (außer in zehn mal zehn Zentimeter große Stücke zerlegen!).
Man brauchte Lord einfach nur ansprechen. »Du bist ein Feiner, komm doch mal her!« Dazu machte ich eine einladende Handbewegung und das war´s. Er kam angetrottet. So, jetzt bloß nicht sein Bild über dich zunichte machen. Ein Leckerli ist dann sehr hilfreich, um eine freundliche Absicht zu signalisieren. Er schnupperte und ließ mich ein Frolic in die Tiefen seiner Schnauze schieben. Es fühlt sich irre an, wenn deine Finger in diesen Massen von Schlabberschnauze verschwinden. Man sieht gar keine Zähne, gleichwohl müssen sie da irgendwo in diesem schmatzenden Etwas sein. Einige Leckerlis später stellte er sich seitlich an das Gitter, damit ich ihn streicheln konnte. Dinos Lieblings-Kraul-Stellen erwiesen sich als selbige von Lord – glücklicherweise – und auch ein paar Massagegriffen war er nicht abgeneigt. Der Bann war endgültig gebrochen und wir waren Freunde. Wenn ich zu Benji ging, lief er in seinem Gehege mit und ließ sich oben angekommen von mir begrüßen. Ich konnte ihn überall berühren und die Ohren kraulen. Nur einmal war ihm das Drumherum zu viel, als ich ihn einer Besucherin zeigen wollte. Er fing wieder zu bellen an und zog sich damit in sein selbsterfunde-

nes Schneckenhaus zurück, aus dem er trotz meiner Anwesenheit nicht herauskommen wollte. Sabine kam hinzu und rief ihn zu sich, worauf er sich schließlich an den Zaun bitten ließ. Ich merkte nicht gleich, dass die Situation von zwei vertrauten und einer fremden Person ihm nicht behagte und kraulte ihn am Kopf, als er drohend zur Seite schnappte. Auch das kenne ich von Dino. Sie beißen nicht, sie tun nur so als ob. Es wirkt natürlich gefährlich, aber es soll nur eine Art Warnung sein. Dabei streifte ein Zahn mehr aus Versehen leicht meinen Finger. Eine absolut lächerliche Mini-Verletzung, die nichts im Gegensatz dazu ist, was er mit mir tun könnte, wenn er wirklich wollte. Gleichwohl wissen sie genau, dass sie etwas Schlechtes getan haben, dass sie einen Moment nicht DIE Geduld hatten und einen Freund sozusagen angeschnauzt haben. Am nächsten Tag merkte ich genau, dass er sich entschuldigen möchte. Er kam mit hängendem Kopf angetrabt und presste seinen Körper gegen die Stäbe. Er war regelrecht geknickt und ich sprach ganz leise mit ihm, dass er mich nicht verletzt hatte und es nicht weiter schlimm war. Ich brauchte eine Weile, bis ich ihn wieder aufgebaut hatte und er wieder vergnügt war. Die Sache war aus der Welt und wir waren wieder Freunde.

Mir ist klar, dass ich nun auf noch jemanden aufpassen werde, wie sein weiterer Weg verlaufen wird. Ich denke mir, Katja, um wen willst du dich eigentlich noch alles kümmern?! Aber diesmal ist es ja nicht mit großem Zeitaufwand verbunden, dass, wenn ich Benji besuche, auch noch ein paar Minuten für Lord übrig sind. Sicher müsste er in erfahrene Hände vermittelt werden, die ebenfalls die Molosser-Sprache sprechen, aber vor allem müssen es liebevolle Hände sein, die seinen Kummer wegstreicheln können. Er wirkt so enttäuscht von den Menschen, von ihrer Oberflächlichkeit und Dummheit und ich tue es ihm gleich. Manchmal möchte ich mich nur noch mit Hunden umgeben; es gäbe nichts, was ich vermissen würde.

Sommer im Tierheim

Ende Juli wurde es richtig heiß. Im Wald war es zwar immer noch angenehm kühl, aber es gab doch nichts Besseres, als ein kleines Bad in der nahe gelegenen Weser zu nehmen. Im Frühjahr waren wir einmal den Weg hinunter zum Fluss gegangen, doch dass Benji ihn Monate später noch exakt wiedererkennen würde, hätte ich nicht für möglich gehalten. Als wir von unserem gewohnten Weg eine andere Richtung einschlugen, schien er gleich zu wissen, wohin ich mit ihm gehen wollte, so, als hätte er nur darauf gewartet. Er zog mich regelrecht hinter sich her und konnte es nicht erwarten, zum Wasser zu kommen. Plötzlich wollte er durch dichtes Grün scheinbar einen Hang hinunterstürzen. Ich erkannte es zunächst nicht wieder, aber er wollte tatsächlich eine Abkürzung nehmen, die wir vor vielen Wochen einmal gegangen waren, denn hinter dem Gestrüpp befand sich ein steil abfallender Weg hinunter zu den Weser-Wiesen. Nur kannte er ihn zu einer Jahreszeit, in der alle Pflanzen noch wesentlich niedriger waren. Inzwischen war jedoch alles komplett zugewuchert! Ich wollte ihn nicht enttäuschen, denn er bestand auf seine Weise darauf, diesen Weg zu nehmen, als sei er der einzig richtige, und so folgte ich ihm durch einen wahren Urwald. Unten angekommen standen wir vor einer Wand aus mannshohen Brennnesseln. Nun stutzte auch Benji und gemeinsam beschlossen wir, dass es vielleicht doch besser wäre, angesichts der vegetativen Umstände einen anderen Weg als DEN Weg zum Wasser zu erklären. Und abermals verblüffte er mich, denn ich musste ihm auch diesen nicht zeigen. Zielstrebig zog er mich dorthin, wo wir nach unserem Frühjahrsausflug an die Weser wieder den Hang hinauf zur Straße gegangen waren. Nun stürzte er ihn herunter, dass ich Mühe hatte, auf dem hohen Gras nicht auszurutschen und den gesamten Hang herunterzusegeln. Voller Freude sprang er wie ein Reh durch das hohe Gras und ich hinter ihm her (auch acht Meter Flexi-Leine sind irgendwann zu Ende). Mich wunderte langsam gar nichts mehr, denn selbstverständlich fand er auch sofort wieder den Busch, an welchem vorbei man zu einer aus Steinen gepflasterten Zunge gelangt, die etwas in die Weser hineinragt. Mit einem Sprung landete er im Wasser und schlappte von dem kühlen Nass, als ob wir eine große Wüste durchquert und endlich eine Oase gefunden hätten. Es war die pure Lebensfreude: Sonne, Wasser, Steinchen aller Art und Größe, die man aus dem Wasser fischen konnte. So, wie man Kinder nicht mehr aus dem Wasser bekommt, selbst wenn sie schon blaue Lippen haben, war auch Benji nicht mehr von diesem herrlichen Ort wegzubekommen. Ich hätte ihm gern das Geschenk gemacht, stundenlang mit ihm dort zu bleiben und ihn dann irgendwann müde, aber glücklich zum Tierheim zurückzubringen, aber wie immer musste ich die Uhr im Auge behalten, um meinen weiteren Pflichten von Mann, Haus und Hund nachzukommen. Doch von diesen menschlichen Dingen wie Zeitdruck wusste Benji nichts und ich übertrug es auch nicht auf ihn. Schließlich kann man auch in neunzig Minuten viele tolle Sachen machen, Steinchen werfen und im Gras sitzen, einfach scheinbar alle Zeit der Welt haben. Wir legten soviel wie möglich in diese eineinhalb Stunden und auf dem Rückweg versprach ich ihm, dass wir das nächste Mal wieder hierher kommen und dann sicher auch wieder Steinchen finden würden, die es aus der Weser herauszuholen galt. Es waren unbeschwerte Stunden, die auch mir gut taten und mich den Stress vergessen ließen, den es bedeutete, Wochenende für Wochenende in einen strengen Zeitplan zu packen, um diesem Hund, den ich so lange hatte leiden sehen müssen, eine Freude zu machen. Sicher war es danach immer schwer, Benji in sein Gehege zurückzubringen und sehen zu müssen, wie er mir hinterher schaut, wenn ich ihn für wiederum fünf Tage verlassen musste, aber ich fuhr eigentlich jedes Mal mit einem guten Gefühl, dass ich ihm etwas geben konnte, was ihn glücklic gemacht und sein Leben bereichert hat. Es war wieder ein Stück des Einlösens meines ihm gegebenen Versprechens, dass alles gut werden würde. Wir gingen noch oft zum Wasser und kühlten uns in diesen heißen Sommertagen ab, Benji, indem er in der Weser mit seinen Steinchen in der Schnute herumwatete, und ich, die er freundlich bedachte, indem er sich aus dem Wasser kommend direkt neben mir schüttelte. Danke, Benni!

Im Spätsommer entwickelte sich eine gute Freundschaft zwischen mir und Inge-Lore. Mit der Zeit kennt man die anderen Ausgeher und kommt ins Gespräch zwischen den einzelnen Touren. Es war eine völlig neue Erfahrung für mich, mit Gleichgesinnten zu sprechen. Bislang kannte ich nicht viele, die meine Liebe zu Hunden derart teilten, dass sie bereit waren, ebenso etwas für sie zu tun, wie ich. Eigentlich gab es sogar niemanden... Inge-Lores besondere Freundin war »Lady«, eine sehr scheue, mittelgroße Hündin mit hellem Fell. Inge-Lore und Lady verband eine innige Beziehung zueinander. Sie hätte sie auch so gern selbst mit nach Hause genommen, aber sie wusste auch, dass es egoistisch ist, einen Hund um jeden Preis mitzunehmen, wenn es die Lebensumstände nicht zulassen.
Irgendwann hat Inge-Lore damit angefangen, nachdem sie mit Lady zurückgekehrt war, noch Maja auszuführen, denn sie tat uns leid, weil immer nur Benji aus dem Gehege herausgeholt wurde und sie jedes Mal zurückbleiben

musste. Ich hatte schon oft bedauert, sie nicht beide gleichzeitig nehmen zu können, aber man konnte unmöglich beide halten. Als ich Inge-Lore und Maja das erste Mal zusammen den Weg zum Tor herunterkommen sah, musste ich schon schmunzeln. Es sah aus, als ob sie keinen Hund führte, sondern ein kleines Pferd. Maja zog unglaublich stark an der Leine und deshalb hatte Katja ihr neben der normalen Leine noch eine zweite angelegt, die an einem Halti um ihre Schnauze befestigt war. Inge-Lore hielt eine in der rechten und eine in der linken Hand und versuchte, so gut es ging, zu bremsen, was mal mehr, mal weniger gut gelang. Wie ein Pferd an der Longe...
So starteten wir zusammen zu unseren Ausflügen. Maja und Benji hatten ihren Spaß und wir beide hatten endlich einmal Zeit zum Gedankenaustausch und Erzählen der jeweiligen »Lebensgeschichte«.

Im September stand eine dreitägige Feuerwehrfahrt an und es war das erste und einzige Wochenende, an dem ich nicht zu Benji fahren konnte. Am liebsten wäre ich gar nicht mitgefahren, aber das hätte ich niemandem, schon gar nicht meinem Mann, erklären können. Also sorgte ich vor, indem ich einen Tag vor der Abreise Urlaub nahm, um wenigstens noch einmal nach Bad Karlshafen fahren zu können. Weiterhin bat ich Inge-Lore herzlich darum, Benji wenigstens an einem Tag anstelle meiner zu nehmen. Ich ertrug den Gedanken nicht, dass er den ganzen Tag warten und schließlich enttäuscht sein würde. Warum konnte man ihm auch nicht begreiflich machen, dass man zwei Tage nicht da ist... Am Dienstag danach hatte ich dann wiederum Urlaub und Benji freute sich natürlich wahnsinnig, mich beide Male völlig unerwartet zu sehen. Später berichtete mir dann Inge-Lore von ihrem Spaziergang mit Benji und ich musste wirklich lachen. Sie sagte: »Benji hat mich manchmal angesehen, als ob ich bescheuert wäre! Ich weiß doch nicht, was ihr beiden immer so macht. Es schien, als warte er auf etwas und ich würde nun nicht kapieren, was ich machen müsste.« DAS konnte ich mir bildlich vorstellen. Woher sollte Inge-Lore auch von unseren Ritualen wissen...

Es geht ihm nicht gut

Am Wochenende der ersten Oktoberwoche fiel mir auf, dass Benji wieder zu husten begann und offensichtlich Schleim loswerden wollte, so wie nach seiner schweren Lungenentzündung. Freitag ging es noch einigermaßen, aber am Sonntag begann ich, mir Sorgen zu machen. Er freute sich zwar wie immer riesig, mich zu sehen, aber unterwegs merkte ich, dass ihm doch jede Anstrengung schwer fiel. Er war ziemlich mit sich selbst beschäftigt, atmete sehr konzentriert und freute sich offensichtlich nur mir zuliebe über Steinchen & Co. Wieder zurück am Tierheim berichtete ich Sabine davon, dass mir Benji gar nicht gefallen habe. Sie versprach, Katja Bescheid zu sagen, damit sie sich um ihn kümmern könne. Am Dienstagabend klingelte mein Handy: »Hallo, hier ist Biene vom Tierheim. Hättest du Lust, mit Benji mal in die Tierklinik zu fahren? Katja hat ihn abgehört und es geht ihm tatsächlich nicht besonders gut. Sie möchte gern ein Röntgenbild von seiner Lunge haben.« In meinem Kopf flog alles durcheinander. Wenn sie mich schon anriefen, musste es wirklich ernst sein und ich war in diesem Moment sehr dankbar dafür, DASS sie mich anriefen und in seine Belange einbezogen, denn das war nach seinem ersten »Verschwinden« im März nicht selbstverständlich. Zwei mit meinem Chef gewechselte Handy-SMS später hatte ich Urlaub für den nächsten Tag (ausgerechnet einen Mittwoch!) erhalten und teilte Biene mit, dass ich Benji gegen neun Uhr abholen würde. Er freute sich riesig, mich völlig unerwartet mitten in der Woche zu sehen und war gespannt darauf, was wir nun unternehmen würden. Mit einem Blick sah er, dass ich Dino nicht, wie üblich, im Auto mit dabei hatte. Etliche Male waren die beiden schon durch die Autoscheiben »aneinandergeraten« und ich musste beten, dass das Glas standhielt.

Mit einem Sprung war er im Auto und ich freute mich darüber, wie sehr er mir vertraute. Er würde überall mit mir hinfahren und sicher sein, dass nichts Schlimmes passieren wird. So starteten wir in Richtung Tierklinik Oldendorf, die gut achtzig Kilometer vom Tierheim entfernt ist. Für Benji wurde es noch einmal eine Rückkehr in seine Vergangenheit. Nach zehn Monaten kehrte er noch einmal nach Halle zurück und als wir sein noch immer in Trümmern liegendes altes Haus erreichten, hielt ich für einen Moment an. Ich kann nicht sagen, ob er erkannt hat, wo wir uns befanden. Er warf nur einen ganz kurzen Blick auf den Berg von Steinen, die einmal sein Zuhause gewesen waren, und ein wenig erleichtert beobachtete ich, dass es ihn überhaupt nicht zu berühren schien und er ohne Zurückzuschauen wieder ins Auto sprang.

Dagegen war die Rückkehr in »seine« Tierklinik völlig anders. Er wusste genau, wo wir waren und wedelte bereits mit der Rute, als wir auf den Hof einbogen. Ich ging zunächst ohne ihn hinein, um uns anzumelden. Ich hatte kurz nach Abfahrt aus Bad Karlshafen angerufen und gefragt, ob ich mit Benji kommen könne, um eine Röntgenaufnahme zu machen, und man freute sich bereits riesig auf ihn. Nachdem nun alle mitbekommen hatten, WER draußen im Auto saß, sagte Frau Brandt: »Holen Sie ihn doch bitte rein!« Sie war vor Monaten diejenige gewesen, die ihn einmal mit nach Hause genommen hatte, woraufhin er nichts Besseres zu tun hatte, als das Zimmer zu verwüsten, und oft mit ihm ausgegangen war. Sie war seine Haupt-Pflegerin während der ersten fünf Wochen nach dem Brand gewesen und nun wartete sie gespannt, ob er sie wiedererkennen würde. Ich konnte ihn kaum halten, so zog er in Richtung Praxis. Er wurde von allen herzlich empfangen und es war schön, zu beobachten, wie Frau Brandt und Benji sich über das Wiedersehen freuten. Doch wir waren ja nicht zum Spaß dort und bald danach hoben wir Benji auf den Tisch, um die Röntgenaufnahme zu machen. Er war wirklich brav und mit dicker Bleischürze vor dem Bauch hielt ich ihn, bis die Aufnahme gemacht war. Dino hätte man für eine solche Aktion entweder kreuz und quer festschnallen oder am besten gleich in Narkose legen müssen, aber bei Benji war weder das eine noch das andere nötig. Leider gab das aufgenommene Bild nicht den gesamten Brustkorb wieder und so mussten wir noch eine zweite Aufnahme machen, um alles sehen zu können. Auch dabei war er wieder superartig und geduldig. Bis die Aufnahme entwickelt war, warteten wir im Behandlungszimmer. Dann hörte ich Dr. Bitter sagen: »Oh oh, das sieht ja nicht so gut aus« und nach all der Freude wurde mir plötzlich ganz schlecht. Welche Prognose würde ich gleich hören? Wie schlecht stand es wirklich um ihn und konnte er überhaupt noch lange damit leben? Ich erfuhr, dass das Gewebe der Lunge durch Rauchvergiftung und Verätzung der Atemwege doch sehr angegriffen ist. Es sind einige Schatten auf der Lunge zu sehen und sein Herz ist stark vergrößert, weil es so viel pumpen muss. Doch was bedeutete das?! Nun, es war sicher eine schlechte Prognose, aber es bedeutete nicht, dass er todkrank war und seine Tage auf Erden sich dem Ende zuneigten. Man kann die Sache noch gut mit Medikamenten behandeln und es war gut, dass wir die Aufnahmen gemacht hatten. Nun wussten wir, was er brauchte und im Tierheim konnte Katja die Behandlung fortführen. Vielleicht hatte er nicht DIE Lebenserwartung eines gesunden Hundes mehr, aber es gab zumindest keine Anzeichen dafür, dass sein Leben nicht mehr lange währen würde und man sich darauf einstellen müsste, bald Abschied nehmen zu müssen. Das war zunächst das Wichtigste für mich. Und selbst wenn

es so gewesen wäre, wäre es trotzdem richtig gewesen, sein Leben zu retten und alles zu versuchen. Es war schwer gewesen, besonders für ihn, aber nachdem das Schlimmste überstanden war, hatten wir eine schöne gemeinsame Zeit, die ich nicht missen möchte. Er führte ein lebenswertes Leben, zwar im Tierheim, aber für ihn war es o.k. und das wichtigste dabei war, dass er nicht darunter litt und ein den Umständen entsprechend glücklicher Hund sein konnte.
Am nächsten Wochenende ging es ihm schon deutlich besser. Die Medikamente hatten schnell geholfen und er war wieder ganz der alte.

Hilfe für »Joy«

Ende Oktober erhielt ich einen Anruf auf meinem Handy. Eine freundliche Frauenstimme erkundigte sich nach Benji. Sie hatte den Flyer im Tierfutterladen um die Ecke gelesen, der dort immer noch aushing, und wollte nun mehr über ihn erfahren. Schnell stellte sich leider heraus, dass es wieder einmal an Katzen scheitern sollte, die ebenfalls mit im Haus lebten. Doch sogleich dachte ich natürlich an all die anderen wundervollen Hunde in Bad Karlshafen, die ebenfalls auf ein schönes Zuhause warteten und fragte vorsichtig, ob sie bereit sei, etwas weiter zu fahren, um sich das Tierheim anzusehen. Ich erzählte von den Hunden dort und von der Arbeit des ETN und weckte so das Interesse, eine Fahrtstrecke von gut hundert Kilometern in Kauf zu nehmen. Wir verabredeten uns für den nächsten Sonntagnachmittag, an dem sie und ihr Mann nach Bad Karlshafen kommen wollten. Der sechsjährige Sohn war in den Herbstferien bei seiner Oma und sollte noch nichts von ihren Plänen wissen.
Per Handy erfuhr ich am Sonntag, dass sie angekommen waren. Da ich noch mit Benji im Wald war und einige Zeit brauchte, um zum Tierheim zurückzugelangen, sagte ich ihnen, dass sie ruhig schon einmal zu den Hunden gehen könnten und fragte, wie ich sie denn erkennen könnte. »Braune und schwarze Jacke« antwortete sie und als ich Benji in sein Gehege zurückgebracht hatte, hielt ich nach selbigen Ausschau. Das mussten sie sein, die Farbe der Jacken stimmte und als die junge Frau sich zu mir umdrehte, staunte ich nicht schlecht: Ich kannte sie seit vielen Jahren vom Sehen. Das »Sie« wurde schnell zum »Du« und wir gingen zusammen von Gehege zu Gehege und ich berichtete von allem, was ich über die jeweiligen Hunde wusste. Wir kamen natürlich auch zu Benji und wieder einmal zeigte sich, dass es doch wun-

derbar »gepasst« hätte, wären da nicht ihre Katzen gewesen. Manchmal frage ich mich, was für Benji »von oben« vorherbestimmt ist. Wird eines Tages DIE Familie oder DAS neue Herrchen schlechthin kommen? Es waren in all den Monaten sicherlich nicht zuhauf Menschen an ihm interessiert, aber zum vierten Mal wurde ihm ein wirklich gutes Zuhause nur aus diesem Grund versagt. Die ständige Ungewissheit ist manchmal ziemlich aufreibend, denn man weiß nicht, in welche Richtung sein Weg führt. Von – er könnte morgen vermittelt werden – bis – er bleibt bis zu seinem Tod im Tierheim – ist alles möglich. Man kann sich auf nichts wirklich einstellen und lebt eigentlich von Besuch zu Besuch. Klaus, der Hausmeister des Tierheimes sagt immer: Eines Tages nimmst du ihn selber. Aber das würde bedeuten, dass Dino dann nicht mehr leben würde und das will ich natürlich auf gar keinen Fall. Sicher habe ich mir schon vorgestellt, wie Benji bei uns im Haus herumläuft, aber ich will nicht Benji für Dino und da beide altersmäßig nicht weit auseinander liegen, kann es eigentlich nicht möglich sein. Inzwischen fiel die Wahl der ursprünglich an Benji interessierten jungen Familie auf eine noch sehr junge Husky-Mischlingshündin, die mit ihren beiden Brüdern vor kurzem aus Spanien angekommen war, und so trug er dazu bei, dass ein anderer Tierheimhund ein wirklich schönes neues Zuhause bekam. Gestern erhielt ich eine Mail von Ute, dass sich die kleine Joy prächtig entwickelt, absolut anhänglich ist und auch prima mit den Katzen zurecht kommt. Gut, dass ich Benjis Flyer aus dem Tierfutterladen noch nicht habe abnehmen lassen, wie ich es vor einiger Zeit schon vor hatte, denn dann wäre diese Verbindung niemals zustande gekommen. Manchmal soll etwas Bestimmtes einfach so geschehen, auch, wenn man zunächst noch keine tiefere Bedeutung darin erkennen kann. Das sind diese typischen Eingebungen, die man von Engeln erhält: »Lass den Zettel hängen!« Joy sollte in genau diese Familie kommen, auch wenn sie zu diesem Zeitpunkt in einem weit entfernten Land, in dem vielen Hunden ein grausames Schicksal vorherbestimmt ist, noch nicht einmal geboren war. Und genau diese »himmlische Planung«, das scheinbare Aufeinandertreffen glücklicher Zufälle, die ich als weitaus schwieriger empfinde, als eine Familie für Benji zu finden, lässt mich hoffen, dass auch für Benji der Tag kommen wird, an dem ich ihn in sein neues wundervolles Zuhause bringen werde und Zeit seines Lebens auf dieser Erde seine besondere Freundin bleiben darf.

HERBST

Die Wärme des Sommers war vorüber. Es wurde kälter und nasser und Benjis und Majas Gehege verwandelte sich in ein Schlammbad. So war ich gar nicht enttäuscht, als sie eines Tages zurück in die Hausanlage wechselten, in der die Gehege zwar kleiner und ohne Gras und Erde, sondern mit Kieselsteinen ausgestattet sind, wo sie aber abends ihr Körbchen in beheizten Räumen hatten. Der Sommer war wirklich toll gewesen in ihrem riesigen bewachsenen Gehege, in dem sie fast frei waren und kaum etwas von einem Tierheim zu spüren war. Doch so manches Mal dachte ich an den bevorstehenden Winter. Die auf Pfählen stehenden großen Holzhütten waren sicherlich so gebaut, dass kein Tier Kälte leiden muss, aber irgendwie wünschte ich mir für Benji doch ein richtig warmes und gemütliches Körbchen und ich war beruhigt, dass sie dies nun bekommen hatten. Für die bevorstehenden rauen Tage war es in Ordnung, dass sie dafür ein bisschen Freiheit einbüßen mussten.

Um ihn so still dastehen zu lassen, musste man ihm einfach nur ein Steinchen zeigen, dann war er wie »hypnotisiert«.

MAJA WIRD VERMITTELT

Im November wurde Maja zum Fernsehtermin von »Herrchen gesucht« mitgenommen, den Benji ja bereits hinter sich hatte. Parallel wurde sie im Magazin des ETN »Respektiere« vorgestellt, woraufhin sich ziemlich schnell eine ältere Dame aus dem Saarland für Maja meldete. Genau diese Hündin sollte es sein und so kam es, dass sie Maja nach einem Probewochenende in Bad Karlshafen in das neue Zuhause mitnahm. Ich war leider nicht anwesend, um Maja zu verabschieden und fand etwas später nur einen völlig geknickten Benji vor, der zusammengerollt in seinem Körbchen lag. Der arme Kerl tat mir leid. Man hatte ihm einfach seine Freundin weggenommen! Benji trauerte und ich versuchte so gut es ging, ihn zu trösten. Ich habe ihn selten so liebebedürftig wie an diesem Tag erlebt, denn eigentlich gehörte er nicht gerade zu den Schmusern. Später hörte ich von Sigrid, dass es auch der Dame mehr als leid getan hatte, die beiden auseinander zu reißen. Sie habe hin- und herüberlegt und stellte schließlich in Aussicht, Benji in zwei oder drei Wochen noch nachzuholen, um bis dahin noch einige Renovierungsarbeiten abzuschließen. Nach meinem ersten Gedanken hierzu freute ich mich, doch beim zweiten dachte ich »herrje,... SAARLAND!« Ich sah mich schon alle vier Wochen gen Saarland starten, um Benji zu besuchen, und brachte den Gedanken nicht zu Ende, was mein Mann wohl dazu sagen würde. Das Beste war, abzuwarten. Mittlerweile war ich vorsichtig geworden, was irgendwelche Absichten von Leuten betreffend Vermittlungsversuche von Benji anging. Inge-Lore hatte Maja und ihr neues Frauchen noch kennen lernen können und verfügte bereits über die Telefonnummer. Vielleicht konnten wir uns die Spritkosten ja teilen, wenn wir zusammen unsere beiden Schützlinge besuchen würden...

ADVENTSZEIT

Ende November flog Inge-Lore für vier Wochen nach Neuseeland und so wanderten Benji und ich wieder allein durch Wald und Wiesen. Während der letzten Wochen hatte sich meine Verbindung zu Lord, zu dem ich immer noch einmal ging, nachdem ich mich von Benji verabschiedet hatte, zu einem Maße verstärkt, dass ich den innigsten Wunsch hatte, zu ihm in sein Gehege zu gehen. Es war eine Sache, ihn durch den Zaun zu streicheln, aber direkt vor ihm zu stehen, hatte ich bislang noch nicht gewagt und ich wartete auf die passende Gelegenheit, wenn Katja einmal etwas Zeit haben würde, um dabei zu sein und zu schauen, ob alles in Ordnung wäre. Als sie mir das nächste Mal über den Weg lief, sprach ich sie darauf an. Sie freute sich über meine Absicht und versicherte mir, dass es hundertprozentig gut laufen würde, wenn er mich bereits durch den Zaun so akzeptiert. Sie hatte den Eindruck, dass er sich in der letzten Zeit langweile und ein bisschen unglücklich sei, weil er keine Abwechslung habe. Also war es an der Zeit, zu ihm zu gehen und das zu ändern! Am nächsten Tag kam ich extra etwas früher, damit noch nicht so viele Tierheimbesucher mit Hunden auf dem Hof waren. Katja war beschäftigt, aber Bine stand mir bei. Ich weiß wirklich nicht, warum ich nicht schon viel eher zu ihm reingegangen war, denn er freute sich einfach unbändig, als ich mit klopfendem Herzen seinen Raum betrat und es war wirklich alles in Ordnung. Wir legten ihm ein Halsband an und er konnte gar nicht fassen, dass es nun wirklich rausgehen sollte.

Er ließ sich gut von mir führen und sein Kraftpotenzial war absolut beherrschbar. Ich war schon ein wenig stolz und fühlte mich ein bisschen wie ein Dompteur mit einem Tiger an der Leine, denn der Name MASTINO NAPOLETANO hat einfach eine psychologische Wirkung. Ihn so neben mir gehen zu sehen, erfüllte mich mit unsagbarer Freude und ich beobachtete genau, was er machte und wie er auf seine Umwelt reagierte. Ich stellte fest, dass er vieles einfach nicht oder nicht mehr kannte. Autos erschreckten ihn ein wenig und es brauchte Zeit, bis er Geräusche einzuordnen vermochte. Er war wie ein kleines Kind, das staunend die Welt entdeckt, aber immer darauf bedacht, alles richtig zu machen und darauf zu achten, was ich sage. Man merkte ihm an, dass wahrscheinlich nie jemand mit ihm ausgegangen war, denn er kannte es anscheinend nicht, einen Weg einfach geradeaus neben einem Menschen herzugehen. Er lief von rechts nach links, blieb stehen, drehte sich um die eigene Achse, als ob er nicht wisse, wohin er gehen solle und was von ihm erwartet würde, und startete dann, mich anschauend, auf meine

richtungsweisende Handbewegung wieder für einige Meter voll durch, um dann denselben Ablauf von vorn zu beginnen. Durch seine Rückenkrankheit Spondylose sieht er aus wie eine Marionette aus der Augsburger Puppenkiste mit einem Rücken zum Flitzebogen versteift, der es nur zulässt, die Füße darunter zu bewegen. Wer Isländer Pferde jemals galoppieren gesehen hat, kann sich nun vorstellen, wie Lord läuft, nämlich im so genannten »Tölt«, bei dem die Beine wie Hämmer über den Boden fliegen, jedoch ein Wasserglas, was dabei vom aufgesessenen Reiter in der Hand gehalten wird, keinen Tropfen verliert. Doch nicht nur das ist kennzeichnend für seine Gestalt, denn hinzu kommt, dass er seinen Kopf nicht seitlich drehen kann, um mich anzuschauen, was durch die Tatsache, dass er ja nur ein Auge hat, noch verstärkt wird. Spreche ich ihn an, während er voraus läuft, bleibt er sofort stehen und legt blitzschnell »den Rückwärtsgang rein«, bis er seinen Körper so weit in meine Richtung gedreht hat, um mich anzusehen. Ich liebte dieses Wesen von Anfang an und endlich konnte ich wirklich etwas für ihn tun. Dabei habe ich nie mehr Dankbarkeit von einem Hund gespürt, als von ihm, was er mir bei jedem Spaziergang von neuem zeigte. Nachdem wir uns auch auf diesem Gebiet draußen besser kannten, wurde es von Mal zu Mal besser und schöner. Ich freue mich schon auf den Sommer, wenn wir an der Weser im Gras sitzen und die Boote der Ausflügler beobachten werden. Benji blieb natürlich trotzdem an erster Stelle in meinem Herzen und ich ließ ihn nicht merken, dass er mich erneut »teilen« musste, denn seine Zeit mit mir blieb dieselbe; ich hing lediglich noch eine Stunde für Lord dran.
Am zwölften Dezember, dem 3. Advent, fand erneut ein Tag der offenen Tür statt, der unter dem Motto »Weihnachtsbescherung für Tiere und besinnliche Gespräche mit dem Tierheimteam bei Punsch, Stollen und Kaffee« lief. Ich war früh genug da, um vorher noch sowohl mit Benji als auch mit Lord eine Runde zu gehen, denn inzwischen war diese Ausgehzeit für Lord zu wichtig geworden, als dass man sie guten Gewissens hätte ausfallen lassen können. Wie schon beim Tag der offenen Tür im Juli füllte sich der Innenhof des Tierheimes mehr und mehr und alle verbrachten ein paar schöne Stunden, während ein echter Weihnachtsmann Leckerlis für die Hunde verteilte. Den einzigen Schock erlitt ich, als mich die Nachricht ereilte, dass Katja zum ersten Januar des neuen Jahres weggehen würde. Ich konnte mir nicht vorstellen, sie nicht mehr über den Hof flitzen zu sehen mit irgendeinem Hund im Schlepptau und ihre Aufgaben versehend. Sie gehörte einfach zum Bild von Hof Wiesenfeld, so wie Carlos, Benji oder Lord inzwischen dazugehörten. Natürlich war ich auch in Sorge, ob »die Neue« (Tierärztin), die kommen sollte, genauso nett sein würde, wie Katja, und ob sich für mich etwas ändern

könnte, was die Betreuung von Benji und Lord betraf. Aber natürlich musste man Katjas Entscheidung akzeptieren, denn sie wollte gehen, um noch mehr dazuzulernen und noch besser für die Tiere da sein zu können. Zweifelsohne gab es sicher überall Hunde, für die Katja zum Glücksfall werden würde, schließlich hatte sie in ihrer Zeit auf Hof Wiesenfeld auch Benji mehr als einmal das Leben gerettet, wofür ich ihr auf ewig von Herzen danke.

Bereits einige Tage später war es dann auch wieder soweit: Benji erlitt eine lebensbedrohliche Lungenblutung! Peter, der seit einigen Wochen ehrenamtlich als Pfleger regelmäßig im Tierheim half, entdeckte ihn glücklicherweise rechtzeitig und informierte sofort Katja. Ich erfuhr erst am Wochenende, dass es schlimm um meinen Freund gestanden hatte und eine Weile nicht sicher war, ob er es noch einmal schaffen würde. Bine hatte ihn im Arm gehalten und Katja vorsichtig gefragt, wie sie seinen Zustand einschätzte, worauf sie antwortete, dass sie nicht sagen könne, ob er es übersteht. Nun, er schaffte es und als Bine und Sigrid mich am Samstag einfühlsam einhakten und mir Bericht erstatteten, konnte ich mir kaum ausmalen, was er durchgemacht hatte, denn ich fand ihn quirlig und aufgedreht wie immer vor, als ob überhaupt nichts gewesen wäre. Typisch Benji! Allerdings hatten sie ihn aufgrund dessen umquartiert, denn er war nicht unschuldig an seiner Situation gewesen, hatte den ganzen Tag aus vollem Halse gebellt und sich mit Baldi, einer Schnauzerhündin, mit der er seit kurzem zusammen im Gehege war, herumgebalgt. Ich fand ihn im OP wieder, wo hinein man sein Körbchen gebracht hatte und aus welchem er nun wie der Blitz herausschnellte. Offensichtlich war es ihm schrecklich langweilig in seiner Krankenstation und er verstand überhaupt nicht, was er dort eigentlich sollte, schließlich ging es ihm doch wieder prächtig. Das war auch so, allerdings konnte jederzeit erneut eine Lungenblutung auftreten und man musste Benji dazu zwingen, Ruhepausen einzulegen. Später konnte er nach und nach stundenweise wieder in die normalen Gehege, doch auch, als er wieder ganz zu Baldi umziehen konnte, wurde stundenweise die Außentür geschlossen, damit Benji nicht wieder überdrehte.

In der Woche nach Benjis Lungenblutung traf die neue Tierärztin auf Hof Wiesenfeld ein und ich stellte glücklicherweise fest, dass meine Befürchtungen völlig unbegründet gewesen waren. Karola war absolut nett und bemühte sich sehr, die vielen neuen Gesichter kennen zu lernen und einzuordnen, so dass man sie ganz schnell gern haben musste.

Seit Majas Vermittlung waren nun einige Wochen vergangen und ich wartete auf einen Anruf der Frau aus dem Saarland, die Benji nach durchgeführter Renovierung vielleicht noch nachholen wollte. Ich hatte Sigrid Bescheid gesagt, dass, wenn sie sich melden sollte, ich ihr Benji auch gern bringen würde. Ich würde schließlich sowieso früher oder später dorthin fahren und sie brauchte den weiten Weg nicht noch einmal anzutreten. Doch wie ich es von Anfang an angenommen hatte, kam kein Anruf mehr. Vielleicht war es aber auch besser für Benji, irgendwo als Einzelhund ein Zuhause zu finden, wo er mehr Ruhe hätte, wo er nicht ständig mit anderen Hunden herumflippte und so wieder eine Lungenblutung riskierte. Ich hatte Vertrauen, dass alles so kommen würde, wie es für Benji am besten war und irgendwie kam es auch so.

Heiligabend im Tierheim

Weihnachten stand vor der Tür. Am ersten und zweiten Weihnachtstag hatten Max und ich Gäste bei uns zuhause und da diese beiden Tage auf Samstag und Sonntag fielen, konnte ich unmöglich zu Benji fahren. Deshalb beschloss ich, ihn am Heiligen Abend noch einmal zu besuchen und brauchte nicht lange über ein passendes Geschenk nachdenken – mit einem Ball und Leckerlis lag man immer richtig bei ihm. Ich hatte zwei Tüten gepackt, eine für Benji und eine mit einem überdimensional großen Filzball für Lord. Wir genossen unsere Spaziergänge in einer heiligen Ruhe, die sich über Hof Wiesenfeld gelegt hatte, denn ich war an diesem besonderen Tag die einzige Ausgeherin, die noch einmal den Weg zu ihren Schützlingen gefunden hatte. Nachdem Benji, Lord und Dino ihren Spaziergang beendet hatten, holte ich die Geschenke für sie aus dem Auto. Benji musste es für seinen Glückstag gehalten haben, denn ich war unerwartet an einem Freitag aufgekreuzt und nun gab es auch noch Geschenke. Er machte große Augen, als ich die Tüte für ihn öffnete und staunte über das, was da alles zum Vorschein kam. Der Ball wurde gleich ausprobiert und für tauglich befunden und die Extra-Leckerlis wanderten sogleich in seinen Magen. Ich blieb noch eine Weile bei ihm und wir spielten mit den neuen Geschenken, denn was nützen einem die schönsten Spielsachen, wenn niemand da ist, der den Ball wirft oder am anderen Ende des Seilknotens kräftig mitzieht? Es sind nicht die Geschenke; die Zeit, die man ihnen schenkt ist das schönste Weihnachtsgeschenk für einen Hund. Bevor ich ging, knuddelte ich ihn ausgiebig und wünschte ihm gesegnete Weihnachten, auch wenn er wahrscheinlich die Worte nicht verstand. Lord bekam natürlich auch noch seinen XXL-Tennisball, denn ich hatte Angst, dass er kleinere Bälle vielleicht verschlucken könnte mit seinem Riesenmaul, und auch er machte große Augen darüber, was ich da für ihn mitgebracht hatte. Man konnte ihn mit solchen Sachen einfach verblüffen, als ob er nie etwas von der Existenz von Spielzeug für Hunde gewusst hatte. Wahrscheinlich hat wirklich niemals jemand mit ihm gespielt, denn wer schon einen Hund jahrelang in einen niedrigen, engen und dunklen Bretterverschlag steckt, der hat wohl auch sonst nicht viel Gutes mit ihm im Sinn gehabt. Es ist eigentlich ein Wunder, dass Lord trotz seiner schlimmen Vergangenheit in der Ukraine ein so sanftes Wesen behalten hat mit einer kindlichen Neugier für alle Dinge dieser Welt. Nur Männer und geschlossene Türen kann er einfach nicht mehr leiden, als hätte er Angst davor, dass es noch einmal passieren könnte und sie am nächsten Morgen nicht wieder aufgemacht werden...

Am Neujahrstag kehrte Inge-Lore von ihrem Urlaub aus Neuseeland zurück. Kaum gelandet rief sie mich an, um zu hören, was sich in der Zwischenzeit auf Hof Wiesenfeld ereignet hatte. Natürlich wollte sie als Erstes wissen, ob Lady noch dort oder in der Zwischenzeit vermittelt worden war und ich konnte ihre Erleichterung hören, als ich ihr sagte, dass sie noch da sei. An jedem Wochenende war ich zu ihr gegangen und hatte ihr gesagt, dass ihre Freundin bald wiederkäme. Ausgeher hatte Lady während Inge-Lores Abwesenheit immer genug gehabt, denn sie gehörte zu den beliebten Hunden, während andere noch kein einziges Mal ausgeführt wurden.

Leider war Maja nicht mehr da, so dass wir zur Zeit keine gemeinsamen Ausgänge machen konnten und jeder sich für sich seinem beziehungsweise seinen Schützlingen widmete.

Am vierten Januar jährte sich Benjis Schicksal zum ersten Mal. Da wir seinen richtigen Geburtstag nicht kannten, war dies irgendwie sein Geburtstag, zumindest sein zweiter, denn an diesem Tag war ihm das Leben noch einmal geschenkt worden. Leider bekam ich keinen Urlaub, aber meine Gedanken waren den ganzen Tag bei ihm. Ganz unwillkürlich ließ man das ganze Jahr noch einmal Revue passieren. Wäre es damals besser für ihn gewesen, wenn er das Feuer nicht überlebt hätte? Sicher wären ihm viele Schmerzen erspart geblieben, aber wenn ich mir seinen immerwährenden Lebenswillen und seine Freude am Leben vor Augen führte, gab es nur eine Antwort auf diese Frage: Nein! Es war es wert gewesen, auch wenn er im Tierheim lebte – für ihn war es sein Zuhause.

Flieg mit den Engeln davon

Es traf mich völlig unvorbereitet und mit der grausamsten Härte des Unwiederbringlichen. Es gibt niemanden, der dir sagt, heute ist euer letzter gemeinsamer Tag auf dieser Erde, so dass man ihn auskosten könnte bis zur letzten Minute.
Sigrids Anruf erreichte mich gegen 21.00 Uhr des 31. Januar 2005: »Katja, du musst jetzt ganz fest an Benji denken, für ihn beten und seine Seele begleiten. Zünde eine Kerze für ihn an, denn er ist vor zwei Stunden gestorben!« Oh bitte nein! Das konnte und durfte doch nicht sein! Warum jetzt, warum so schnell? Ich wollte doch bei ihm sein, wenn es einmal in weiter Ferne so weit sein würde. Ich war nicht da! Er konnte doch nicht ohne mich einfach sterben! Ich habe ihn im Stich gelassen in seiner schwersten Stunde! Unter Tränen fragte ich: »War er allein?« »Nein, er war nicht allein, Klaus und Peter haben bei ihm gesessen und ihn begleitet. Er ist ganz sanft und ohne Schmerzen eingeschlafen.« Ich fühlte mich so verlassen und zitterte vor Kälte am ganzen Körper. Benji, mein Benji. Vor zwei Stunden... wo war ich da? Ich saß im Auto und fuhr von der Arbeit nach Hause. Ich hatte an ihn gedacht, daran, dass es ihm gestern plötzlich sehr schlecht gegangen war. Am Samstag war noch alles in Ordnung gewesen. Er schien in den letzten Tagen abgenommen zu haben, denn man konnte beim Atmen die Rippen sehen und die Hüftknochen zeichneten sich deutlich ab. Bine sagte noch, dass er zugefüttert würde, damit er wieder zulegt. Aber ansonsten war wirklich alles wie immer gewesen. Wir gingen noch unsere große Runde durch den Wald und an den Weserwiesen entlang. Es hatte geschneit und zum Abschluss führte ich ihn noch auf die große Wiese unterhalb des Tierheimes, wo man prima Steinchenspiele zelebrieren konnte und es viel hohes Gras gab, das man dabei nach Herzenslust herausreißen konnte. Er strotzte vor Lebensfreude und wollte kein Ende finden. Doch wir mussten irgendwann zurückkehren, denn es wurde schon dunkel. Es war das letzte Mal, sein letzter Ausgehtag, die letzten Rituale, die letzten Leckerchen, die mit Freude verspeist wurden, unsere letzte gemeinsame glückliche Zeit. Nur 24 Stunden später war alles dahin. Als ich ihn zum Spaziergang anleinte, erkannte ich noch keine Veränderung, denn er sprang wie immer vor Freude herum, so dass ich Mühe hatte, Halsband und Leine anzubringen. Dass er es schon mit letzter Kraft tat, bemerkte ich nicht. Erst als wir den Weg herunter zum Haupttor gingen, sah ich, wie langsam er sich bewegte. Für einen Flipper wie Benji ging er regelrecht in Zeitlupe, schnupperte zwar hier und da und interessierte sich, aber alles war

wesentlich gedämpfter. Besorgt beobachtete ich ihn und beschloss, einen Weg ohne Anstrengungen für ihn einzuschlagen. Es schien wieder die Lunge zu sein, die ihm Probleme bereitete, denn er hustete oft und wollte Schleim loswerden. Wir kannten das bereits, denn er lebte mit diesen Verschlechterungen, die manchmal auftraten. Er bekam dann seine Medikamente und es wurde wieder besser. Ich wollte eine abgekürzte Runde über die Weserwiesen nehmen, aber Benji blieb am Maisfeld stehen und schaute zum Wald hoch. Ich wollte eigentlich nicht mit ihm dorthin, denn es geht steil bergauf und ich wollte ihm diese Anstrengung nicht zumuten. Sanft redete ich auf ihn ein: »Benni, lass uns doch hier lang gehen oder möchtest du lieber zurück? Wir müssten erstmal zu Frau Doktor und fragen, was mit dir los ist.« Aber Benji schaute trotzig zum Wald hoch und ich ließ ihn schließlich gewähren. Er musste wissen, was er konnte und ich wollte ihm seinen Wunsch nicht abschlagen. Er wäre enttäuscht gewesen, wenn ich ihn jetzt einfach hinter mir hergezogen hätte. Es war der letzte Wunsch, den ich ihm erfüllen konnte... Wir gingen noch einmal durch das Laub und er führte mich trotz seines schlechten Zustandes zu dem großen Stein, an dem wir immer Pause machten und aus seiner Gewohnheit heraus stupste er gegen die Leckerli-Tasche. Einige weiche Stücke nahm er an, aber dann merkte er, dass er eigentlich gar nichts mehr wollte. Ich war nun in großer Sorge und merkte, wie schwach er auf seinen langen Beinen war und fand, dass es für diesen Tag mit dem Ausgehen reichte. Langsam gingen wir in Richtung Tierheim und dann über die Wiese den Hang wieder hinab entlang der Pferdekoppel. Von weitem sah ich Klaus und Bine am Parkplatz stehen. Bine hatte Feierabend und wollte offenbar jeden Moment losfahren. Ich ging mit Benji zu ihnen und berichtete von meinen Beobachtungen und meiner Sorge. Er sah aus wie ein Häufchen Elend, klapperdürr und die Rückenhaare standen wie eine Bürste vom Körper ab. Ich erfuhr, dass Karola fortgefahren war und erst am nächsten Tag wiederkommen würde. Bine sagte mir, dass Bianca noch da sei. Wir sollten versuchen, Benji zum Fressen zu bewegen und eine Dose Hundefutter dazuzugeben, die er so liebte. Von dem großen Napf, den Bianca für ihn zubereitete, nahm er nur vorsichtig einige Brocken. Das Nassfutter war zu verlockend, das wusste er, aber wenn er es fraß, schien es ihm nicht gut zu tun. Nur uns zuliebe nahm er etwas davon, was wir ihm schließlich per Hand einzuflößen versuchten. Schließlich brachte ich ihn in seinen Raum, wo er sich gleich in sein Körbchen legte. Ich setzte mich zu ihm und streichelte seinen Kopf, den er mir schließlich in meine Hände legte. Seine traurigen Augen lagen tief in den Höhlen, was ein typisches Zeichen dafür war, dass es ihm schlecht ging. Ich küsste seine Stirn und seine Nase, die eiskalt war. Bianca kam zur Tür herein

und sagte, dass sie Karola angerufen hätte und wir bei ihm Fieber messen sollten. Dazu leinten wir ihn noch einmal an, da Baldi ja mit im Raum war und der Flur hierfür geeigneter erschien. Bianca hatte Angst, dass er schnappen würde, aber ich konnte ihr versichern, dass Benji sämtliche Prozeduren über sich ergehen ließ, ohne auch nur einmal zu klagen. Er hatte 40,4 Grad Fieber! Sie telefonierte erneut mit Karola. Zusammen mit Svenja, einer Praktikantin, die Benjis Kranksein mitbekommen hatte, wartete ich mit Benji auf dem Flur, bis Bianca zurückkam. Es dauerte gut eine Viertelstunde und Benji wurde etwas ungeduldig. Man merkte ihm an, dass er in seinen Raum wollte, wo er sich hinlegen konnte, doch trotz seines Zustandes nahm er alle Kraft zusammen und sprang an seiner Tür hoch, um mit den Pfoten die Türklinke herunterzudrücken. Er konnte meisterhaft Türen öffnen, so dass schließlich alle Türklinken nach unten zeigen mussten. Dies heiterte uns ein klein wenig auf: »Das kannst du noch, gell Benji?!« Er tat dies zweimal und wir trösteten ihn, dass er noch ein bisschen aushalten müsste. Benji wendete sich uns abwechselnd zu. Mal kam er zu mir, mal ging er zu dem freundlichen Mädchen, dessen Augen Benjis Leid widerspiegelten und die ihm genauso gern wie ich geholfen hätte. Sie kannte ihn gar nicht näher, aber sie nahm Anteil, als ob es ihr eigener Hund wäre. Wir saßen nur so da und sprachen wenig. Benji kam zu mir und küsste mich mit seiner Nase. Es war schlimm, ihn so zu sehen und ich hoffte, dass Bianca bald zurückkommen würde, denn es wurde ihm alles zu viel und er wollte sich endlich hinlegen dürfen. Endlich kam sie mit zwei Spritzen und einer weißen Flüssigkeit zurück, die wir ihm einflößen sollten. Er ließ alles über sich ergehen und kurze Zeit später schien es ihm bereits besser zu gehen. Auf Karolas Anraten sollten wir Benji und Baldi in einen kleineren Raum umsetzen, den man besser beheizen konnte, denn Benji brauchte jetzt Wärme. Wir gingen noch einmal nach draußen vor die Tür, damit Bianca in Ruhe die Wechsel vornehmen konnte, und Benji nahm nun von allein doch noch einige Brocken des Dosenfutters zu sich. Wir werteten das als gutes Zeichen, dass die Spritzen Wirkung zeigten und es bergauf ginge. Für diesen Tag hatte er bekommen, was man ihm geben konnte und morgen würde Karola wieder da sein, die ihn dann schon wieder aufpäppeln würde. Ich war nun wesentlich ruhiger und machte mir nicht mehr so viele Sorgen. Man konnte einfach nicht mehr tun für diesen Moment. Also brachten wir ihn in den neuen Raum. Ich wünschte ihm gute Besserung, küsste seine Nase ein letztes Mal und versicherte ihm, dass es ihm Samstag wieder gut gehen würde und wir dann wieder ausgehen würden. Es war das letzte Mal, dass ich ihn lebend sah.
Am Montag dachte ich viel an ihn und erzählte allen von seinem schlechten

Zustand. Mehrmals dachte ich daran, im Tierheim anzurufen und mich nach ihm zu erkundigen, tat es dann aber nicht, weil ich nicht stören wollte. Es war Ruhetag und meistens ruft das über den ganzen Hof über Lautsprecher klingelnde Telefon jemanden von seiner Arbeit weg und ich überzeugte mich selbst davon, dass man mich schon anrufen würde, wenn es ihm schlechter ginge. Hätte ich doch angerufen und gestört...
Als Sigrid aufgelegt hatte, war eine Welt für mich zusammengebrochen. Der Schmerz war unsagbar groß und brach wie ein Vielfaches aller Schmerzen, die ich während dieses einen Jahres, das wir zusammen hatten, für ihn fühlte, über mich herein. Augenblicklich fühlte ich die Leere, dass ER nicht mehr da war, und ich vermisste ihn, als ob ich ihn Jahre nicht gesehen hatte. »Benji, mein Benji. Du tapferer Junge! Es tut mir so leid!« Sein Schicksal lief wie ein Film vor meinen Augen ab. Jetzt kannte ich die ganze Geschichte. Es sollte kein Happy End geben. Kein neues Herrchen. Kein neues Zuhause. Keine glücklichen Jahre mehr... Ich hätte alles gegeben, um die Uhr nur ein paar Stunden zurückdrehen und es anders machen zu können, aber die Zeit ließ sich nicht zurückbringen. Ich hätte einfach da sein müssen...
Als ich am Sonntag von ihm ging, war für mich klar, dass es ihm am nächsten Samstag wieder gut gehen würde. Mit keinem Gedanken hätte ich in Erwägung gezogen, dass dieser Hund sterben könnte! Er war erst sieben Jahre alt. Da stirbt man doch nicht innerhalb von 48 Stunden... Es war geschehen, aber ich konnte es noch nicht akzeptieren. Seine Schutzengel waren immer da gewesen, um ihn zu retten. Ich konnte nicht glauben, dass sie diesmal gekommen waren, um ihn abzuholen. Mir fielen Sigrids Worte wieder ein und ich wusste, dass sie Recht hatte. Was ich jetzt noch für ihn tun konnte, musste ganz schnell getan werden. Er hatte vor zwei Stunden seinen Körper verlassen und ich hoffte, dass ich seine Seele noch erreichen konnte. Meine Mutter hatte mir im vergangenen Jahr eine Osterkerze gemacht, die bisher noch nicht gebrannt hatte. Jetzt zündete ich sie an. Ganz fest dachte ich an Benji, sprach mit ihm und machte ihm klar, dass er jetzt in den Himmel laufen müsste, ins Licht, wo er ein neues Zuhause finden würde mit ganz lieben Menschen, die ihn erwarten. Es war mir immer wichtig gewesen, dass Benji weiß, dass ich weiß, wo er ist, und dass es so in Ordnung ist. Er sollte nicht das Gefühl haben, nicht gehen zu dürfen, was zur Folge haben könnte, dass er mir zuliebe in meiner Nähe bleibt. Ich weiß, dass dies schlecht für seine Seele und seine weitere Entwicklung wäre, deshalb war es ganz wichtig, ihn liebevoll freizugeben und loszulassen, so verdammt schwer das auch war. Aber es zählte jetzt nur noch er. In Gedanken brachte ich ihn die Himmelsleiter hinauf und gab ihn dort in die Obhut Gottes, der bestimmt

einen guten Platz für ihn ausgewählt hatte. »Benji, mein Engel, geh' jetzt fein und such' wieder Steinchen. Wir sehen uns wieder. Mach dir keine Sorgen um mich. Ich bin nur traurig, dass ich dich nicht mehr sehen kann. Für dich wird die Zeit wie im Flug vergehen und dann werde ich dich abholen kommen an der Regenbogenbrücke. Leb wohl mein Freund und lauf jetzt ins Licht!«

Früh am nächsten Morgen fuhr ich nach Bad Karlshafen, um Benjis Körper abzuholen. Es war so traurig. Er musste erst sterben, bevor ich ihn nach Hause holen konnte... Lebendig war es nicht möglich gewesen, aber begraben wollte ich ihn wenigstens. Mein Herz war so schwer, als ich den Weg fuhr, den ich über hundert Mal zu ihm gefahren war. Ich war immer voll freudiger Erwartung, ihn wiederzusehen, dorthin gefahren. Ich konnte mir nicht vorstellen, dass er einfach nicht mehr da sein sollte. Auf dem Hof sah ich zuerst Klaus. Er wusste, wie es mir ging und es brauchte keine großen Erklärungen. Jeder wusste, was er mir bedeutet hatte. »Warst du bei ihm...?«, versuchte ich trotz versagender Stimme hervorzubringen, worauf er nickte. Karola kam um die Ecke und nahm mich in die Arme. Es tat ihr wahnsinnig leid, dass sie nichts mehr für ihn tun konnte. Sie hatte seinen Körper später noch geöffnet, um auszuschließen, dass sie etwas falsch gemacht hatte. Dabei wurde sichtbar, dass Benji voller Tumore gewesen war. Allein in der Lunge waren drei und auch andere Organe waren bereits befallen. Der Rauch, dem er über Stunden im brennenden Haus ausgesetzt war, ist natürlich hochgradig krebserregend gewesen und das angegriffene Gewebe wurde zum Nährboden dieser bösartigen Tumore.
Karola führte mich zu ihm. Er lag eingehüllt in Decken auf einem Tisch und sah aus, als ob er schlafen würde. Ich wusste, dass er nicht mehr in diesem Körper war, aber auch dieser Körper war mein Benji gewesen. Die Nase, die mich noch vor zwei Tagen »geküsst« hatte, war nun erfroren und seine glänzenden Augen waren erloschen. Es passte gar nicht zu ihm, dass er so ruhig da lag. Ihn so zu sehen und zu ahnen, was er in diesem Körper durchgemacht hatte, tat einfach nur weh und meine Tränen tropften auf seine Decke, während ich seinen lieben Kopf streichelte.
Dann trugen wir ihn in mein Auto. Dino war dabei und saß ausnahmsweise vorn bei mir auf dem Beifahrersitz. Durch die Stäbe beobachtete er, was geschah. Ich denke, er wusste, dass es Benji war, den wir abholten. Er hatte meine Traurigkeit bemerkt und wich sowieso schon die ganze Zeit nicht mehr von meiner Seite. So fuhren wir nach Hause, wo Benjis Körper am nächsten Abend seine letzte Ruhestätte fand. Vielleicht konnte er es vom

Himmel aus sehen und freute sich ein wenig darüber, dass wir ihn nicht einfach fortgeworfen haben. Er darf nun schlafen an diesem ruhigen Ort, doch ich wünschte, dass das Schicksal nicht so hart mit ihm umgegangen wäre, dass es ihm noch etwas Zeit geschenkt hätte. Sein Geist war noch so jung. Er wollte springen und spielen und ich wollte ihn nicht tot nach Hause holen.

Benjis Vermächtnis

Es mag sein, dass manchem mein Fühlen für diesen Hund übertrieben vorkommen mag, dass es belächelt wird: Es war doch nur ein Hund...
Hunde sind wundervolle und oft engelsgleiche Wesen. Benji war in meinen Augen der Tapferste der Welt. Am Brandabend war er durch die Hölle gegangen und wurde dazu noch von seinem Herrchen und seiner Familie verlassen. Trotz dieser traumatischen Erfahrungen hat er nie über Schmerzen geklagt und war mit sich immer im Reinen. Er hat nie die Hoffnung verloren in das Leben und in die Menschen und ich habe ihn nicht ein einziges Mal aggressiv erlebt oder ungehalten. Das zeugt von einer Größe, an der wir Menschen uns manchmal ein Beispiel nehmen könnten. Ich möchte, dass er nicht vergessen wird, dass auch Menschen, die ihn gar nicht kannten, liebevoll an ihn denken und ihn diese Gedanken und Gefühle im Himmel erreichen. Benjis Vermächtnis ist eindeutig: Kein Hund sollte im Tierheim sterben. Gehen Sie in die Tierheime, wenn Sie einem Tier ein neues Zuhause geben möchten. Beachten Sie dabei bitte auch die großen und dunklen Hunde, die es schwerer haben. Sie haben alle eine Chance verdient und nicht nur die mit den lustigen Tupfen oder der außergewöhnlichen Fellzeichnung. Schauen Sie auch nach denen, die nicht ganz vorne mitmischen, um Ihre Aufmerksamkeit zu bekommen. Fragen Sie nach dem, der ganz hinten steht, und sich nicht traut oder sogar bereits aufgegeben und die Hoffnung verloren hat. Und wenn Sie hundeerfahren sind, fragen Sie nach dem, der schwierig ist und als schwer vermittelbar gilt. Er ist nicht so geboren worden und hat wahrscheinlich ganz viel Schlimmes erlebt, das ihn so hat werden lassen. Jeder Tierheimhund hat seine Geschichte und ich bin mir sicher, dass über jeden ein Buch wie dieses geschrieben werden könnte. Doch nicht jeder hat einen besonderen Freund oder eine besondere Freundin, wie Benji es doch glücklicherweise hatte. Es ist eine wunderschöne, aber manchmal auch harte Aufgabe, Ausgeher im Tierheim zu sein, doch es ist es wert, wenn man nur einem einzigen Tier eine Freude machen und ihm zur Seite stehen kann. Ihnen zu vermitteln, dass sie nicht vergessen und abgeschoben, dass sie liebenswerte Geschöpfe sind, egal, welche Eigenschaften und welches Aussehen sie haben, ist so viel Wert und macht so viel gut von dem, was andere Menschen durch ihre Verantwortungslosigkeit und Rohheit ihnen angetan haben. Haben Sie keine Angst davor, in ein Tierheim zu gehen. Auch ich konnte vor Benji keines betreten, weil ich Angst vor den Augen der vielen Hunde hatte, denen ich nicht allen helfen konnte. Niemand verlangt, dass

man sich um alles kümmert. Für einen allein ist alles zu viel. Aber für einen oder zwei Hunde können Sie zum begleitenden Freund werden, zum Paten, der für ihn da ist auf dieser schweren Station in seinem Leben. Sie können erreichen, ihren Seelen etwas Positives mitzugeben, ihre Entwicklung auf das Gutehinzu steuern, ihnen zu zeigen, dass nicht alle Menschen schlecht zu Tieren sind, dass es eigentlich so sein sollte, dass sie zur Familie gehören, egal, was kommt und man kein Lebewesen einfach abschiebt, was man einmal willkommen geheißen hat.

Zwei Wochen nach Benjis Tod erschien in der Bad Karlshafener Zeitung ein großer Bericht über mich, Benji und Lord. Hierauf meldete sich eine junge Frau aus Bad Karlshafen. Sie wollte Benji ein neues Zuhause geben und brach fast zusammen, als sie hörte, dass er nicht mehr lebte. Auch ich konnte es kaum glauben, aber selbst nach seinem Tod half Benji wieder einem anderen Hund, denn in der letzten Woche war ein Neuzugang gekommen, ein sieben Monate alter Rottweiler-Berner-Sennenhund-Mischling. Er bekam bei der jungen Frau eine neue Chance und musste nicht lange im Tierheim bleiben. Ich freue mich, wenn Benjis Geschichte Gutes bewirkt, wenn nur ein Hund ein neues Zuhause findet, nur ein Mensch Ausgeher im Tierheim wird oder Menschen sich dazu entschließen, Mitglied im ETN zu werden und damit diese wundervolle Arbeit für die Tiere zu unterstützen. Es ist Benjis Dankeschön dafür, dass er die ihm verbleibenden zehn Monate im schönsten Tierheim, das ich kenne, leben durfte und in welchem er alles hatte, was er brauchte. Ich weiß es: Im Grunde war er dort glücklich.
Ich bin doch froh, dass es im Dezember nicht zu seiner Vermittlung ins Saarland gekommen ist, denn wir hätten nach vier Wochen von dort die Mitteilung erhalten, dass er plötzlich gestorben sei. Majas Frauchen hätte überhaupt nichts daran ändern können, aber sicherlich hätte sich jeder die Frage gestellt, was dort passiert sein mag und ob er vielleicht sogar unglücklich gewesen ist.
Am Ende ist alles so gekommen, wie es sein sollte und irgendwie sollte Klaus Recht behalten, als er vor vielen Monaten einmal gesagt hatte:
»Eines Tages nimmst du ihn selber!«

Zum Schluss

Fünf Monate nach Benji's Tod, am 22. Juni 2005, verlor ich leider auch meinen geliebten Lord. Laut Aussagen der Tierärzte musste er schlimme Schmerzen wegen seines Spondylose-Rückens haben und so ließen sie ihn aus einer Röntgen-Narkose nicht wieder erwachen. Ich durchlebte alles noch einmal, von der Todesnachricht bis zum Abholen meines toten Freundes am nächsten Tag. In den sieben Monaten, die ihm auf dieser Welt blieben, haben wir alles gemacht, was möglich gewesen ist. Er hat noch alles kennen gelernt und wir sind durch die Weserwiesen gesprungen, haben im Gras sitzend Boote der Ausflügler beobachtet und sind durch die Wälder gestreift. Schon bald brauchte ich keine Leine mehr, wenn ich mit ihm ausging, denn zwischen uns war ein anderes Band, das viel stärker war und aus Vertrauen, Liebe, Freundschaft und Verständnis geflochten war. Ich vergesse nie, wie er mich angesehen hat, wenn er neben mir ging, und ich werde dieses in meinen Augen wunderschöne und einzigartige Wesen für immer vermissen.

Dieses Buch ist Benji und Lord,
meinen beiden Freunden auf ewig gewidmet.

Noch schweren Herzens bleibe ich zurück und bin doch
selbstverständlich bereit ...
für eine neue Aufgabe ...
irgendwo ...

Himmelsleiter
Tierheim

Anhang

Der in diesem Buch häufig erwähnte ETN, der Europäische Tier- und Naturschutz e.V., ist eine der größten gemeinnützigen Tier- und Naturschutzorganisationen in Europa und wird europaweit von über 100.000 Menschen unterstützt. Der ETN arbeitet mit mehr als 70 nationalen und internationalen Partnerorganisationen in Einzelprojekten vor Ort zusammen. Regionale Schwerpunkte der Zusammenarbeit sind Süd- und Südosteuropa. In Deutschland realisiert der ETN bedeutende Großprojekte wie z.B. Tier- und Naturschutzhöfe. Einer davon ist das Tierheim, in dem auch Benji zuletzt gelebt hat.

Weitere Informationen erhalten Sie bei:

Europäischer Tier- und Naturschutz e.V.
Hauptgeschäftsstelle Bonn
Gluckstr. 2
53115 Bonn
Tel. 0228/538 94 90
Fax 0228/23 89 03
info@etn-bonn.de

Benjis Tierheim:
ETN Tierheim
Wiesenfeld 4
34385 Bad Karlshafen
Tel. 05672/921639
Fax 05672/921955
Internet: www.tierheim-bad-karlshafen.de